Stress-Management

param

Dr. Sabine Gapp-Bauß

Stress-
Management

Zu sich kommen, statt außer sich geraten

param

Bibliografische Information Der Deutschen Bibliothek

Die Deutsche Bibliothek verzeichnet diese Publikation
in der Deutschen Nationalbibliografie;
detaillierte bibliografische Daten sind im Internet über
http://dnb.ddb.de
abrufbar.

Dritte, vollkommen überarbeitete Ausgabe
Copyright © 2008 by Param Verlag, Ahlerstedt

Gestaltung ComGraphiX, Ahlerstedt
Gesamtherstellung Steinmeier, Nördlingen

ISBN 978-3-88755-**274**-9

www.param-verlag.de

Vorwort

Grundlagen

Sofort-Taktiken im Umgang mit Stress

Langfristige Maßnahmen für eine erhöhte Stress-Toleranz

Stress-Management in besonderen Situationen

Ausblick

Anhang

Vorwort

Weil ich glaube, dass Heilung mehr bedeutet, als jemanden von seinem hohen Blutdruck zu befreien oder ihm seine Kopfschmerzen zu nehmen, schaue ich gern hinter die Symptome. Und dort sehe ich Stress in vielfältiger Form, den die, die ihn haben, meist schon nicht mehr spüren. Sich selbst und diesem verborgenen Stress auf die Schliche zu kommen und ihn auf allen Ebenen des Seins in eine positive Kraft umzuwandeln, ist ein Anliegen dieses Buchs.

Methoden zur Stress-Bewältigung gibt es viele. Das Problem ist jedoch, dass der Mensch im Stress meist außerstande ist, noch irgendeine Technik anzuwenden. Denn Stress lässt sich nur aus dem Gefühl bewältigen und nicht aus dem Kopf. Der Kopf aber blockiert alles, was zu kompliziert ist. Dieses Buch holt Sie dort ab, wo Sie sind. Je schwieriger das Problem, desto einfacher muss der Lösungsweg sein. Durch Empfinden und Verstehen kommen Sie zu sich selbst und der Stress, der das Hamsterrad am Laufen hält, kann sich auflösen.

In meiner naturheilkundlichen Tätigkeit als Ärztin begegnen mir häufig Menschen, die am Ende jeglicher Belastbarkeit sind. Sie leiden entweder unter schwierigen Krankheitszuständen oder unter ihrem sehr komplizierten Leben. Meist unter beidem. Eine Veränderung zum Positiven muss schnell kommen. Es muss etwas Grundlegendes geschehen, denn das »Schlechtgehen« dauert schon viel zu lange.

Aus dieser ganz praktischen Erfahrung mit meinen Patienten, die mich in ihrer Not sehr berührt haben und die den Wunsch hatten, endlich etwas zu verändern, ist dieses Buch entstanden. Erfahrungen auf meinem eigenen Lebensweg schwingen hier mit und haben mich für die Probleme der Ratsuchenden geöffnet.

Stress lässt sich wie eine chronische Krankheit betrachten

Das Phänomen Stress lässt sich ähnlich betrachten wie eine chronische oder gar unheilbare Krankheit, mit der man ja ebenfalls leben lernen muss, ohne den unrealistischen Ehrgeiz zu haben: »Das muss alles sofort weg!« Denn dadurch entsteht bekanntlich neuer Stress. Dabei kann folgendes Denken hilfreich sein: »Die Lage ist zwar ernst, aber ich kann eine Menge dafür tun, damit es mir besser geht.«

Diese etwas sportliche Einstellung und die Möglichkeit, die Gesundheit selbst in die Hand zu nehmen, nimmt den Problemen manchmal ihr Gewicht und lässt bei den Patienten, den »Leidenden«, neue Lebensenergie und Mut zum Handeln aufkommen. Lauwarm gemeinte Ratschläge wie etwa: »Hören Sie mit dem Rauchen auf!«, nützen hier kaum. Vielmehr ist die Lust machende Aussicht auf eine wirkliche Alternative notwendig.

Dieses Buch soll klärend wirken, zu Ideen anregen, Techniken nennen, um etwas loszuwerden, loszulassen, Ruhe vermitteln und Sie ermutigen, Ihr Problem in die Hand zu nehmen. Gehen Sie damit um, wie Sie mögen. Sie können hinten anfangen oder vorn oder in der Mitte. Vielleicht mögen Sie auch einfach darin blättern. Manchmal wirkt schon ein einziger Satz als zündender Funke. Ich empfehle Ihnen jedoch: »Machen Sie sich damit keinen Stress!«

Falls Sie sich ab und zu wiedererkennen, sollte Sie das ruhig zum Schmunzeln anregen. Meine Erfahrung in der Arbeit mit vielen ganz unterschiedlichen Menschen bestätigt mir, dass der Mensch bei aller Verschiedenheit doch sehr ähnliche Grundbedürfnisse hat. Und die müssen einfach befriedigt werden. Für viele hat sich das Leben dadurch entscheidend verändert.

Thesen

❖ »Stress« gibt es eigentlich nicht. Es gibt schwierige Zeiten, Überforderung auf allen Ebenen, Leiden am Leben, Betrübnisse, sich überschlagende Ereignisse, Freude, Leid, die zum Menschsein gehören, die aber kein Stress sind.

❖ Eine Möglichkeit zur Entschärfung von Stress gibt es immer, überall und sofort, denn der Mensch ist im Gegensatz zum Tier in seiner Entscheidung frei.

❖ Stress dient dem Menschen von heute häufig als Ausrede.

❖ Stress ist eine Herausforderung bezüglich Lebensstil und Persönlichkeitsentwicklung.

❖ Wer sich mit dem eigenen Stress auseinander setzt, kann lernen, darauf angemessen zu antworten, denn der Mensch ist von Natur aus dazu in der Lage.

❖ Stress, den wir uns selber machen, ist meist schlimmer als Stress, der von außen kommt.

❖ Wir müssen aufhören, uns als Opfer der Umstände zu sehen, denn das macht handlungsunfähig.

❖ Gegenwärtig zu sein und im Kontakt mit Körper, Geist und Seele, ist eine wesentliche Voraussetzung, um Stress zu vermeiden.

Und nun legen Sie einfach los!

Bevor man beginnt,
bedarf es der Überlegung,
und wenn man überlegt hat,
rechtzeitiger Ausführung.

Sallust

Grundlagen

Was ist Stress?

»Ach, ich bin so im Stress!« Diesen Satz hören Sie im Alltag ständig. Das Wort Stress ist zum Modewort geworden für alles, was die eigene Harmonie stört, was man nicht näher erklären und wofür man die Ursachen auch nicht genau wissen will. Jugendliche haben »Stress« mit ihren Eltern, was heißen könnte: Sie haben Streit mit den Eltern, der noch nicht geklärt ist, und der vielleicht auch nicht geklärt werden soll. Die Mutter hat Stress im Büro. Vielleicht hat sie zu der Arbeit gar keine Lust. Der Vater hat Stress mit seinem Auto, »weil« er sich über die ständig anfallenden Reparaturen ärgert. Und schließlich hat er Stress mit seiner Frau und seinem Sohn, denn alle sind so »im Stress«. Klartext: Es herrscht eine äußerst gespannte Stimmung, und jeder geht dem anderen aus dem Weg. Der Grund ist, die wahren Probleme werden nicht erkannt, nicht gelöst, und so setzt sich die Stress-Spirale immer weiter fort.

»Ich bin ja so im Stress!«

Es bedarf also genauerer Kenntnisse darüber, was mit Stress in Wirklichkeit gemeint ist.

Das englische Wort *stress* stammt ursprünglich aus der Physik. Es charakterisiert das Verhalten von Elementarteilchen unter Druck. Die

Industrie verwendete die Bezeichnung für Vorgänge in der Materialprüfung bei der Anspannung und Verzerrung von Metallen oder Glas. Erst 1950 wurde von dem Stress-Forscher Hans Selye, einem ungarisch-kanadischen Mediziner, der Begriff Stress beim Menschen für das Unter-Druck-Geraten mit all seinen körperlichen, geistigen und seelischen Auswirkungen eingeführt. Offensichtlich kam dieser Begriff erst in der Zeit nach dem Zweiten Weltkrieg auf. Es war die Zeit des allgemeinen wirtschaftlichen Aufschwungs mit all seinen Begleiterscheinungen wie erhöhter Schnelligkeit und Komplexität des Lebens und vor allem mit der zunehmenden materiellen Begehrlichkeit. Unser gegenwärtiges Lebensgefühl ist davon stark geprägt. Denn da ja vieles so mühelos zu bekommen ist, haben wir uns eine Haltung angewöhnt, in der wir oft

Eustress und Distress
die geringste Anstrengung oder Störung schon als Stress empfinden.

Typisch für den Zustand des Im-Stress-Seins ist ein Missverhältnis zwischen dem, was man möchte und dem, was man kann, woraus eine innerseelische und auch körperlich wahrnehmbare Spannung entsteht. Es können auch zwei oder mehrere Dinge sein, zwischen denen sich ein Mensch hin- und hergezerrt fühlt. Dass ein solcher Zustand gesundheitliche Störungen verursacht, vor allem, wenn er länger anhält, kann man sich vorstellen. Denn auf die Dauer ist unser Körper nicht dafür gemacht, diese ständigen sich widerstrebenden Kräfte auszuhalten.

Damit ist nicht gemeint, dass wir keine Herausforderungen auszuhalten in der Lage sind. Im Gegenteil, ein gewisses Quantum an Stress, den so genannten positiven Eustress, braucht jeder Mensch, um sich spannkräftig zu fühlen. Dieser Eustress belebt uns, und wir sind ihm gewachsen.

Demgegenüber spricht man von dem krank machenden Distress, wenn es sich um einen Zustand handelt, der auf Dauer die eigenen Kräfte überfordert. Ich werde diesen belastenden Distress der Einfachheit halber im Folgenden Stress nennen.

Der Mensch als verschrecktes Kaninchen

Obwohl wir in unserer menschlichen Entwicklung schon weit fortge-schritten sind, verhält sich der Mensch noch immer wie ein verschreck-tes Kaninchen kurz vor der Flucht. Erschrickt man oder denkt auch nur an eine Gefahrensituation, so reagiert das vegetative Nervensystem mit heftigen Alarmreaktionen. Stress-Hormone werden ausgeschüttet und eine Kette von Reaktionen läuft im Körper ab. Allerdings besteht ein Unterschied zum Kaninchen, denn es rennt so lange, bis sein vegetati-ves Nervensystem wieder ausgeglichen ist und die Stress-Hormone ab-gebaut sind. Der Mensch jedoch bleibt auf seinen ausgeschütteten Stress-Hormonen meist ›sitzen‹, während sich der Körper wie in großer Gefahr benimmt, obwohl diese längst vorüber ist. Die Folge ist, dass der Stress nicht aufhört und uns unter Umständen bis in die Nacht oder sogar tagelang verfolgt. Für manche Menschen ist das schon normales Lebensgefühl.

Die typischen ›Maßnahmen‹ zum Stress-Abbau sind dann oft der Griff zu Bier, Wein, Zigaretten, Süßigkeiten oder sonstigen Ersatzdrogen.

Häufig erwartet man von anderen, zum Beispiel dem Partner, den Kindern oder Freunden, dass sie den Stress zum Verschwinden bringen. Doch das liegt gar nicht in deren Zuständigkeitsbereich, woraus oft genug unliebsame Enttäuschungen und Missverständnisse entstehen. Dass der erwachsene Mensch für seinen inneren Frieden selbst verant-wortlich ist, ist vielen Menschen nicht so selbstverständlich.

Reaktionen auf Stress

Die Reaktionsweisen des Menschen auf Stress sind äußerst vielfältig. Vom nervösen Hüsteln, ständiger Gereiztheit bis zu massivem Dauerkopf-druck mit Herzrhythmusstörungen und Blutdruckkrisen ist alles möglich.

Parasympathikus   **Sympathikus**

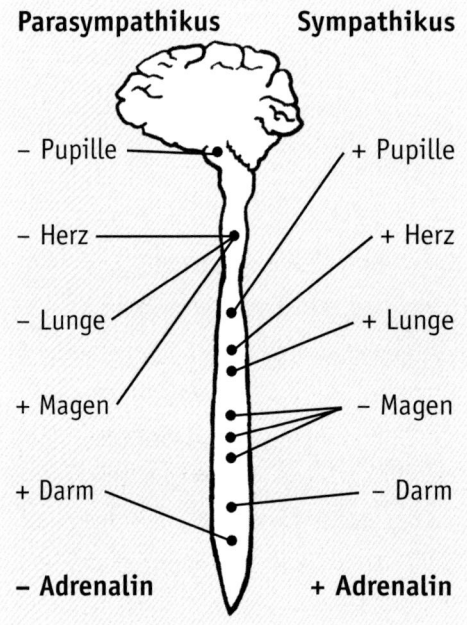

- Pupille   + Pupille

- Herz   + Herz

- Lunge   + Lunge

+ Magen   - Magen

+ Darm   - Darm

- Adrenalin   **+ Adrenalin**

Wirkungen von Sympathikus und Parasympathikus

Je nach Konstitution, Vorerfahrung, aktueller Situation, Gesundheitszustand und Stress-Auslösern reagiert jeder Mensch individuell. Da im menschlichen Gehirn vielfältige Rückkopplungsvorgänge ablaufen, ist eine unbegrenzte Zahl von körperlichen und psychischen Reaktionen möglich, die manchmal als solche weder erkennbar noch überhaupt zu verstehen sind.

Betrachtet man die komplizierten Vernetzungen von Informationen zwischen Körper, Seele und Geist, so stehen wir vor einem wirklichen Wunder der Schöpfung, das wohl kaum je vollends erforscht sein wird. Die Zusammenhänge sind so komplex, dass sie sich unserer willentlichen Kontrolle völlig entziehen. Denn während wir eine missliche Situation wahrnehmen, findet in unserem Kopf sofort ein reger Austausch von widerstreitenden Meinungen und Sinneseindrücken statt. Diese werden in Bruchteilen von Sekunden rückgekoppelt mit Vorerfahrungen, wie zum Beispiel Körpererlebnissen aus der Vergangenheit und erlernten sinnvollen und sinnlosen Verhaltensmustern, und verglichen mit der aktuellen Situation. Sie verfehlen auch nicht ihre Wirkung in Form vielfältiger Reaktionen in uns, angefangen vom Rotwerden bis zu dem Zustand, dass einem vor lauter Spannung schier die Luft wegbleibt. Auch kann zum Beispiel gezielt die Zufuhr des Blutstroms zu einem bestimmten Organ so gedrosselt werden, dass es zu Schmerzen und zu Fehlfunktionen kommt. Manchmal werden sogar so viele Daten verarbeitet, dass der ›Computer‹ abstürzt. Die Gefühle geraten dann durcheinander, und der Mensch verliert seinen klaren Kopf. Im heutigen Sprachgebrauch ist das dann »Oberstress«.

Typische Stress-Symptome

Die Tabelle auf der folgenden Seite zeigt eine sicher nicht vollständige Übersicht über typische Stress-Symptome, die jeweils mehr den Körper, mehr die Seele oder den Geist betreffen, obwohl eine genaue Trennung nicht möglich ist. Sie werden viele dieser Symptome kennen.

Dabei ist die Gewichtung der Stress-Symptome oft ganz unterschiedlich. Was dem einen schwer fällt, ist für den anderen gar kein Problem. Manche Menschen können überhaupt nicht gut organisieren. Anderen fällt dies leicht, aber dafür laufen sie vielleicht ständig auf zu hohen Touren und bekommen schnell Körpersymptome.

Die genannten Stress-Symptome sind jedoch nur die Spitze des Eisbergs. Leider beschäftigt sich unsere heutige Medizin viel zu sehr mit den Symptomen, die sie mit Medikamenten unterdrückt: körperliche Schmerzen mit Schmerzmitteln, seelische mit Beruhigungsmitteln, Funktionsstörungen wie hohen Blutdruck oder Sodbrennen mit Beta- oder Säureblockern und so weiter. Für eine Weile hilft das. Der stressige Lebensstil ändert sich dadurch jedoch nicht, sodass sich der Körper, um auf seine Not aufmerksam zu machen, noch schlimmere Symptome ausdenken muss. Bis nichts mehr geht.

Es bringt wenig, sich nur mit der Spitze des Eisbergs zu beschäftigen. Entscheidend ist zu schauen, was darunter liegt beziehungsweise was diese Symptome verursacht. Denn das ist bekanntlich der viel größere Teil.

Meist ist das vegetative Nervensystem im Ungleichgewicht und der Stoffwechsel gerät in Not. Obwohl jemand vielleicht ein ganz ruhiger Vertreter der Schöpfung ist, verbraucht er dann so viel Sauerstoff und

Körper	Seele	Geist
Atemlosigkeit	schlechte Laune	Perfektionismus
Ruhelosigkeit	innere Leere	schlechte Organisation
ständig auf Trab	keine Muße zum Auftanken	Aufschieben
Kopfschmerzen	Ängstlichkeit	auf Druck arbeiten
Lärmempfindlichkeit	inneres Getriebensein	Fremdbestimmung, Gereiztheit
ständige Müdigkeit	Gefühl, wie tot zu sein	selbstzerstörerische Gedanken
körperliche Schlaffheit, Verspannungen	Überforderung, Burn-out	mangelnde geistige Klarheit
Herzklopfen, hoher Blutdruck	im Nebel sein	fehlende Disziplin
Rückenschmerzen	Antriebslosigkeit	sich über Leistung definieren
Magenschmerzen, Darmprobleme	Depressivität	blockiert sein

Energieträger, Mineralien und Vitamine wie ein Olympiamedaillengewinner im Stabhochsprung. Ein Leistungssportler ist aber trainierter und wird außerdem peinlich genau mit allen Stoffen gepäppelt, die er für die Leistung braucht. Denn ein wenig beachtetes Phänomen bei anhaltendem Stress ist das Überhandnehmen von freien Radikalen. Darunter versteht man instabile chemische Verbindungen, die ein oder mehrere ungepaarte Elektronen haben. Sie sind sehr reaktionsfreudig und schädigen biochemische Reaktionen des Körpers und stören damit normale Abläufe. Der Körper hat zwar die Fähigkeit, Radikale zu entschärfen, jedoch nur, wenn er genü-

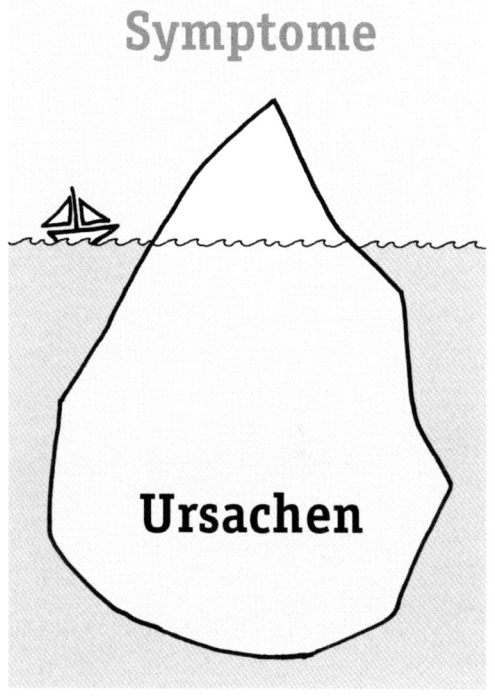

Das Eisbergphänomen

gend Ruhephasen hat und ausreichend Nährstoffe zur Verfügung stehen. Ist dies über lange Zeit nicht der Fall, kann sogar das Immunsystem zusammenbrechen. Es kommt heutzutage immer öfter zu Pfeifferschem Drüsenfieber und Borreliose, Krankheiten durch sehr ›intelligente‹ Viren und Bakterien, die den Körper lange und nachhaltig schwächen können und schwer zu bekämpfen sind.

Stress und Taktiken der Stress-Bewältigung können nach Ernest L. Rossi, einem Wissenschaftler auf dem Gebiet der Psychobiologie, sogar einen Einfluss auf die Gene haben. Wenn wir annehmen, dass unsere körperliche Existenz aus der Verdichtung schwingender Teilchen besteht, kann man ermessen, wie schnell Veränderungen im inneren Gleichgewicht geschehen können.

Hört der Stress auf, lassen auch die Beschwerden nach. Wenn Menschen anfangen, besser mit sich umzugehen, geschehen oft erstaunliche Dinge. Meist ist allerdings eine kräftige Anregung und Unterstützung in vielfältiger Form von Nöten, um ein gesundes Gleichgewicht wiederherzustellen. Dazu Genaueres im Kapitel über langfristige heilende Maßnahmen.

Stress-Faktoren

Die heutige Welt birgt eine Fülle von Stress-Faktoren. Vor 50 Jahren wäre es noch undenkbar gewesen, dass die meisten Frauen ganztags berufstätig sind und mehrere Kinder großziehen, während der Partner einen Zweitwohnsitz hat und nur an bestimmten Tagen per Flug angereist kommt, um seine Familie zu sehen. Verkehr und hohe Bevölkerungsdichte machen die Umwelt für unsere Kinder gefährlich, sodass sie einen erheblich höheren Betreuungsaufwand benötigen *Schon Kinder* als früher. Die Beschleunigung vieler Lebensbereiche und *haben Termin-* die immer größere Komplexität führen zu einer dauern- *Stress* den inneren Ruhelosigkeit. Gleichzeitig haben wir unverhältnismäßig mehr Sehnsüchte nach Glück und Zufriedenheit als Menschen jemals hatten, sodass die realen Möglichkeiten nicht mit den Erwartungen an das Leben übereinstimmen.

Namhafte Autoren sprechen vom Verlust der Kindheit, nachdem noch gar nicht so lange anerkannt ist, dass Kinder ein Recht auf Kindheit haben. Viel zu früh werden sie zielgerichtet trainiert, von der Werbung verführt und funktionalisiert. Schon kleine Kinder, ja sogar Babys haben Termin-Stress mit oft zwei bis drei Veranstaltungen pro Tag wie Babyschwimmen, Krabbelgruppentreffen, kreatives Basteln, musikalische Früherziehung, Arzttermine. Damit ist die Liste noch lange nicht zu Ende, ganz zu schweigen davon, was für Stress das den Müttern macht.

Der Verlust alter Rollenmodelle von Mann und Frau bringt zusätzlich Verunsicherungen mit sich, da die altgewohnten Regeln und Handhabungen zu dieser veränderten Welt nicht mehr passen. Es ist, als ob ein neues Spiel erfunden wäre, für das keine Gebrauchsanweisung mitgeschickt worden ist. Mühsames Ausprobieren nach Versuch und Irrtum kennzeichnet unsere heutige Wirklichkeit.

Wenn dann aus Orientierungslosigkeit noch ein Abgleiten in Ersatzdrogen hinzukommt, wird es richtig gefährlich. Mit Misserfolgen, Sorgen und Ärger kann dann nicht mehr angemessen umgegangen werden und Beziehungen kommen in Not. Lärm und Umweltverschmutzung bringen ihrerseits Menschen auf Dauer in erhöhte Alarmbereitschaft.

Ersatzdrogen

Auch im sozialen Bereich gibt es viel zu wenig Spielräume für den Einzelnen und es fehlen Strategien, um mit neuen Situationen, u. a. am Arbeitsplatz umzugehen. Zukunftsängste prägen das Lebensgefühl der jüngeren Generation, wodurch eine ständige innere Spannung entstehen kann. Stress auf allen Ebenen.

Offensichtlich ist es unsere Aufgabe, mit dieser von uns selbst veränderten Wandelwelt umgehen zu lernen. Dazu müssen wir uns selbst verändern.

Innerer und äußerer Stress

Stress wird von jedem Menschen unterschiedlich wahrgenommen, denn Menschen können Herausforderungen des Lebens unterschiedlich gut verkraften.

Unabhängig von den aktuellen Stress-Auslösern gibt es viele Menschen, die unter innerem Stress leiden. Ihnen fehlt es häufig an Selbstvertrauen, sie sind ängstlich und verzagt. Sie machen sich leicht von anderen abhängig und haben meist viel zu hohe Ansprüche an sich selbst, was in Perfektionismus ausarten kann. Diese Menschen können sich einfach nicht entspannen und fühlen sich seelisch ständig unter Druck.

Nicht selten setzen ihnen in der Vergangenheit gespeicherte traumatische emotionale Muster zu. Ein Kind, das beispielsweise immer wieder zu hören bekommen hat, es sei ein Versager, wird als Erwachsener nicht besonders souverän im Leben stehen. Es gibt viele Menschen, die ihr Leben deshalb nur unter Mühen steuern können. Viele laufen auch mit einem ständigen inneren Groll oder einem inneren Vorwurf durch die Welt. Probleme gibt es dann, wenn zu diesen inneren Spannungen noch Überforderungssituationen hinzukommen, die dann nicht mehr verkraftet werden.

In der Vergangenheit gespeicherte traumatische emotionale Muster

Da man davon ausgehen kann, dass nur die wenigsten Menschen eine völlig unbelastete und spannungsfreie Persönlichkeitsentwicklung durchmachen, gilt es beim Umgang mit Stress, die eigenen inneren Spannungen zu erkennen, sie ernst zu nehmen und damit umgehen zu lernen. Sich therapeutische Hilfe zu holen, wenn die Probleme zu schwierig sind, ist eine gute Entscheidung. So zu tun, als hätte man keine Probleme, das werden wir noch sehen, kostet ungemein viel Energie.

Die Stress-Toleranz hängt jedoch auch von äußeren Bedingungen ab. Kein Mensch wird bestreiten, dass in einem positiven Arbeitsklima, in dem alle an einem Strang ziehen und in dem eine Atmosphäre der Annahme und Achtung herrscht, ein größeres Maß an Stress ertragbar ist, ja sogar als besonders interessant empfunden werden kann. In einem feindseligen Klima mit intriganten oder wenig motivierenden Vorgesetzten kann hingegen schon eine ganz normale Arbeitsbelastung zur Hölle werden. Dann handelt es sich nicht um äußeren Stress durch Arbeitsüberlastung, sondern um inneren, seelischen Stress zum Beispiel durch Mobbing. Auch hier kann professionelle Hilfe entlastend sein.

Stress durch Unterforderung

Genauso, wie ein Mensch unter Arbeitsüberlastung leiden kann, kann auch chronische Unterforderung zum Martyrium werden. Man stelle sich nur einen Menschen vor, der als selbständiger Unternehmer einen ganzen Betrieb geleitet hat und plötzlich ohne Arbeit ist. Er wird vielleicht ständig mit ›gebremstem Schaum‹ oder ›angezogener Handbremse‹ herumlaufen und abends völlig erschöpft sein, da er sich nutzlos und unterfordert fühlt. Dieses Phänomen ist häufig auch bei Frauen in der Kinderphase zu beobachten, in der sich ihr Lebensrhythmus stark verlangsamt und der Bewegungsradius einschränkt. All dies kann nur mit Stress-Management, man könnte auch sagen bewusster Hingabe, Humor und Geduld erträglicher gestaltet werden.

Stress-Typen

Aus der Stress-Forschung sind besonders zwei unterschiedliche Stress-Typen bekannt, der mehr extrovertierte, lebhafte A-Typ und der mehr introvertierte, nach innen gekehrte B-Typ. Sie reagieren bezüglich ihres vegetativen Nervensystems unterschiedlich. Der A-Typ neigt zu Reaktionen des Sympathikus, während der B-Typ mehr zu Parasympathikus-Reaktionen tendiert. Es gibt natürlich auch viele Mischtypen.

Der eher hitzige A-Typ reagiert schnell und manchmal heftiger, als angemessen. Er ist ruhelos, ungeduldig und wird leicht aggressiv. Bei ihm schüttet die Nebennierenrinde sehr schnell Adrenalin aus, was zu hohem Blutzuckerspiegel, hohem Blutdruck, Herzrasen und Herzenge führen kann. Er ist ein Mensch mit Fettstoffwechselstörungen, der zu Arteriosklerose neigt. Der typische Herzinfarktpatient.

Demgegenüber frisst der nach außen eher ruhig und bedächtig wirkende B-Typ alles in sich hinein und bekommt häufiger ein Magenge-

Sympathotoniker **A-Typ**	Parasympathotoniker **B-Typ**
Aggressivität	Depressivität
Überfunktion der Nebennierenrindenhormone	niedriger Blutdruck
Nierenschäden	Schwindelgefühle
Arteriosklerose	Blasenkrankheiten
Diabetes	Asthma
Bluthochdruck	Magengeschwüre
Herzinfarkt	Darmleiden

schwür oder Verstopfungen. Es geht ihm »an die Nieren« oder »schlägt ihm auf die Blase«. Er spricht nicht viel und verarbeitet alle Probleme in seinem Inneren. Da er sich nicht nach außen abreagiert, kann er bei Stress stark unter Spannungen stehen. Er wird leicht depressiv. Auch Asthma kann bei ihm auftreten. Er tendiert eher zu niedrigem Blutdruck mit Schwindel- und Kollapsneigung.

Sowohl der Sympathotoniker als auch der Parasympathotoniker bekommt unter anhaltendem Stress Probleme mit dem Immunsystem mit Neigung zu Infekten und ernsteren Erkrankungen jeglicher Art.

Nebenstehend eine treffende Beschreibung für den A-Typ.

Wirklich, er war unentbehrlich.
Überall, wo was geschah,
zu dem Wohle der Gemeinde,
er war tätig, er war da.

Schützenfest, Kasinobälle,
Pferderennen, Preisgericht,
Liedertafel, Spritzenprobe,
ohne ihn, da ging es nicht.

Ohne ihn war nichts zu machen,
keine Stunde hatt' er frei.
Gestern, als sie ihn begruben,
war er – richtig – auch dabei.

Wilhelm Busch

Die Stress-Spirale

Stress wird zwar individuell verschieden verarbeitet, doch ein Übermaß an Belastungen über einen längeren Zeitraum hinweg kann zu ernsthaften Funktionsstörungen führen. Ernest L. Rossi weist anhand umfangreicher Studien nach, dass die Stress-Spirale nach einem gesetzmäßigen Muster abläuft.

Pausensignale des Körpers

In seinem Buch »Die 20-Minuten-Pause« erläutert er sehr anschaulich, dass ein Mensch nur eine zeitlich begrenzte Zeit voll leistungs- und konzentrationsfähig ist und dass regelmäßig nach etwa eineinhalb Stunden eine Pause von etwa zwanzig Minuten notwendig ist: »Wenn die Pausensignale des Körpers, des Geistes und der Seele chronisch überhört oder missachtet werden und mit Kaffee, Alkohol, Zigaretten, Süßigkeiten oder sonstigen Drogen übergangen werden, kann dies zu den bekannten Zuständen von Nervenzusammenbruch, schweren körperlichen Funktionsstörungen, chronischem Müdigkeitssyndrom oder Burnout-Syndrom führen.«

Er beschreibt die

vier Stress-Stadien

1 Mach-mal-Pause-Signale

2 High von den eigenen Hormonen

3 An der Schwelle der Funktionsstörung

4 Der Körper rebelliert – bis zum Burnout

1 Mach-mal-Pause-Signale

Jeder kennt das Phänomen, dass nach eineinhalb bis zwei Stunden konzentrierter Arbeit die Leistungsfähigkeit nachlässt. Durst, Hungergefühle, eine Art geistiger Abwesenheit, Lustlosigkeit, Gähnen oder Seufzen, eine gewisse seelische Verletzlichkeit, Frust, Denkblockaden oder ein Kreativitätsstau machen sich bemerkbar. Hinzu kommen kleine Fehler und eine gewisse Vergesslichkeit. Wird dieses Stadium übergangen, kommt es zu Notreaktionen des Körpers. Der Mensch braucht eine Verschnaufpause, frische Luft, eine etwas weniger konzentrierte Tätigkeit, eine kleine Abwechslung.

2 High von den eigenen Hormonen

Wird dieser erste Zustand immer wieder übergangen und alles geht so ohne Pause stundenlang weiter, kommt der Mensch in den Zustand, in dem der Körper in Erwartung von äußerer Not mit Stress-Hormonen überflutet wird. Muskeln, Gehirn, Nervensystem werden besser durchblutet und funktionieren schneller. Dieser Zustand ist in unserer Gesellschaft vor allem bei Männern weit verbreitet und sozial besonders anerkannt. Er gilt als ein Merkmal von großer Leistungsfähigkeit. Jeder kennt den typisch hyperaktiven Workaholic, der von seinem seelischen Empfinden weit entfernt ist und auch für andere kein Gefühl mehr hat. Im Extremfall führt es dazu, dass der Betreffende seine Grenzen nicht mehr kennt. Er kann wie betrunken wirken. Oft geht so eine Person sowohl mit sich selbst als auch mit anderen egozentrisch, aggressiv, gespannt und ungeduldig um.

In der Natur hat alles seinen Preis. Wenn sich solche Menschen auf Dauer an das Auf-Druck-Arbeiten gewöhnen, fällt es ihnen immer schwerer, unter normalen, entspannten Bedingungen zu arbeiten. Sie werden süchtig nach Arbeit, Stress oder den künstlichen Anregungsmitteln wie Kaffee, Tee, Zigaretten oder sonstigen Drogen.

Es handelt sich um typische Merkmale der Arbeitssucht, eine mindestens ebenso schwere Sucht wie Alkoholismus. Sie ist sogar noch tücki-

scher, da die Arbeitssucht nach außen zumeist gar nicht auffällt. Ständiges Arbeiten gilt als besonders ehrenhaft. Oft begreifen Menschen den Ernst der Lage erst, wenn sie scheitern.

3 An der Schwelle der Funktionsstörung

Wenn schließlich sogar die Reserven erschöpft sind, können noch nicht einmal mehr genügend Stresshormone aktiviert werden. Es kommt zu ersten Störungen. Körper, Seele und Geist schreien nach Erholung, die sie nicht bekommen, und so nimmt sich der Körper, was er braucht, in Form von Aussetzern. Es werden Fehler gemacht, ständig fällt etwas aus der Hand, es kommt zu Gedächtnisstörungen, Fehlentscheidungen, Unfällen. Das kann bis zum chronischen Gefühl von Inkompetenz und zur Depression führen.

4 Der Körper rebelliert – bis zum Burnout

In diesem Stadium reagiert der Körper mit heftigen Störungen wie Herz-Kreislauf-Problemen, Magengeschwüren, Schlafstörungen, Hörstürzen und allen möglichen Krankheiten bis hin zu Krebserkrankungen. Bei der Erhebung der Krankengeschichte von Menschen mit der Diagnose Krebs habe ich auffallend häufig chronischen seelischen und körperlichen Stress über viele Jahre gefunden. Oftmals führt dieser zu einer langjährigen Patientenkarriere mit Klinikaufenthalten, Medikamenteneinnahmen bis hin zu einer beachtlichen Anzahl von Operationen, ohne dass eine Änderung in der Lebensführung vorgenommen wird.

Das Suchtverhalten eskaliert. Es hat einen gesetzmäßigen Verlauf mit Steigerung der Dosis, begleitet von der Unfähigkeit, das eigene Verhalten unter Kontrolle zu bringen. Es ist etwa so wie in dem alten deutschen Sprichwort: Der Krug geht so lange zum Brunnen, bis er bricht. Der Herzinfarkt ist inzwischen auch bei Frauen ein typischer ›gebrochener Krug‹.

Zusammenfassung

Bewältigung von Stress bedeutet, bei all der Komplexität des Lebens zu verhindern, dass es zu ›Verbiegungen‹ und ›Verzerrungen‹ im Körper und in der gesamten Befindlichkeit des Menschen kommt. Stress muss also in eine für den Menschen positive Form umgewandelt werden. Meist sind wir jedoch erst dann bereit, uns ernsthaft um eine Veränderung unseres Lebensstils zu bemühen, wenn uns das Wasser bis zum Hals steht. Aber selbst dann ist es in der Regel noch nicht zu spät. Oft ist auch erst zu diesem Zeitpunkt die ernsthafte Motivation zu einer Veränderung vorhanden.

Herr Keuner und die Flut

Herr Keuner ging durch ein Tal, als er plötzlich bemerkte, dass seine Füße in Wasser gingen. Da erkannte er, dass sein Tal in Wirklichkeit ein Meeresarm war und dass die Zeit der Flut herannahte. Er blieb sofort stehen, um sich nach einem Kahn umzusehen, und solange er auf einen Kahn hoffte, blieb er stehen. Als aber kein Kahn in Sicht kam, gab er diese Hoffnung auf und hoffte, dass das Wasser nicht mehr steigen möchte. Erst als ihm das Wasser bis ans Kinn ging, gab er auch diese Hoffnung auf und schwamm. Er hatte erkannt, dass er selber ein Kahn war.

Bertold Brecht

Zusammenspiel von Körper, Seele und Geist

Entscheidend für die Bewältigung der komplexen Aufgaben des Lebens ist, ganz und gar in sich zu sein. Doch die meisten Menschen sind im Stress statt in sich. Im Stress zu sein, ist gleichbedeutend mit Außer-sich-Sein. Vielen Menschen fehlt das Gefühl für sich selbst, sodass sie zum Spielball äußerer Einflüsse und schließlich sehr krank werden können. Mir selbst fehlte es auch. Meine eigene Entwicklung war stark von dem in der Nachkriegszeit üblichen Erziehungsstil geprägt, der Gehorchen und Funktionieren forderte und zur Missachtung eigener Gefühle führte. Auf dem langen Weg zu mir selbst mit vielen tief gehenden Entdeckungsreisen ist für mich Ganzheit ein zentrales Lebensthema geworden. Einige Menschen hatten für meine Entwicklung eine besondere Bedeutung.

Das Gefühl für sich selbst

Während meines Studiums in Berlin konnte ich wegen starker Knieprobleme schlecht stehen. Zum Glück lernte ich dort bei Frau Goralewski die Atemtherapie kennen und nahm lange Zeit an atemtherapeutischen Körperübungen teil. Nach den Stunden bei Frau Goralewski fühlte man sich wunderbar geerdet und gleichzeitig mühelos aufgerichtet. Ich erinnere mich noch genau an den Tag, als ich mich zum ersten Mal in meinem Leben wirklich spürte. Es war auf dem Heimweg im Auto, als ich mich durch den starken Berufsverkehr mit erheblichen Staus hindurchwühlte. Mich störte nichts. Jede rote Ampel war ein Genuss. Ich nutzte die Zeit, um meinen lockeren und angenehmen Körperzustand zu genießen. Ab diesem Zeitpunkt hatte ich ein Gefühl für mich selbst. Meine heutige Arbeit mit Patienten ist durch diese Erfahrungen stark geprägt.

Was heißt nun Ganzheit von Körper, Geist und Seele? Im Bereich von Esoterik und Außenseitermedizin werden diese Begriffe häufig so inflationär benutzt, dass unklar ist, was sie tatsächlich bedeuten. Ganzheit und Einheit von Körper, Geist und Seele ist grundsätzlich die Leistung eines jeden Individuums selbst. Sie wird sichtbar bei einem Menschen, den wir als authentisch bezeichnen. Authentizität ist die Eigenschaft eines Menschen, bei dem Denken, Fühlen und Handeln zusammengehört. Solch ein Mensch lebt seinem Wesen gemäß und verfolgt eine zu ihm passende Lebensordnung, und man merkt ihm an, dass er sich dabei auch körperlich wohl fühlt. Auch auf seine Umgebung hat er eine angenehme Wirkung.

Betrachten wir jedoch das Verhalten der meisten Erwachsenen, so sehen wir viele, die diesen Zustand nicht kennen. Sie schleppen sich eher mühsam unter der Bürde des Lebens mit seinen tagtäglichen Anforderungen dahin. Ihr Gesichtsausdruck unterstreicht dies noch. Sie befinden sich in einem fast andauernden Zustand von Stress. Sie scheinen nur zu funktionieren. Ihr Verstand sagt ständig: »Weil dies oder jenes so oder so ist, muss ich noch dieses oder jenes tun«, oder: »Es muss ja gemacht werden.« Die eigenen Gefühle werden nicht wichtig genommen, und der Körper ist lediglich ausführendes Organ. Ein Mensch, der sich so verhält, ist oft in einer typischen Opferhaltung. Er sieht sich als Opfer der Umstände und der Menschen in seiner Umgebung und hat die Überzeugung, sein Leben nicht selbst gestalten zu können.

In der Geschichte der Menschheit war dies nicht immer so. Der naturverbundene Mensch früherer Zeiten, der im Rhythmus der Jahreszeiten die eigene Scholle bewirtschaftete, hatte kein Problem mit der Einheit von Körper, Geist und Seele. Er spürte seinen Körper durch schwere Arbeit. Alle Arbeitsgänge musste er mühsam mit seinem Geist planen, und mit dem, was er tat, war er seelisch und gefühlsmäßig eng verbunden. Ein schweres, aber nicht so kompliziertes Leben.

Heute wird der Körper durch die Arbeit kaum gefordert und wenn, dann in einseitiger Form. Die Tätigkeitsabläufe sind oft sehr schnell, denkt man nur an den extremen Zeitdruck, unter dem heute häufig gearbeitet werden muss. Die Seele kommt nicht mehr mit und rennt mühsam hinterher. Außerdem ist das Leben in unserer ›modernen‹ Welt sehr kopflastig, der Geist wird einseitig überfordert. Viele Kinder können heute besser stundenlang reden als auf einem Bein hüpfen.

Das körperfeindliche Weltbild der christlichen Tradition mit der Geringschätzung eigener Gefühle hat auch eine Menge dazu beigetragen. Der Körper diente als Arbeitskraft und als Ausstellungsstück für die Mode, verdiente aber ansonsten keine Würdigung oder Pflege. In den Kirchen war gar die Kasteiung des Körpers verbreitet. Der Selbsthass in Bezug auf den Körper ist auch heute noch weit verbreitet. Die verschämte Haltung früherer Zeiten gegenüber dem Körper ist heute allerdings oft ins Gegenteil – eine völlige Schamlosigkeit beziehungsweise eine Überbetonung des möglichst perfekten Aussehens – verkehrt, was auch nicht besser ist.

Die Bedürfnisse von Körper, Geist und Seele sind unterschiedlich, obwohl einige Überlappungen und gegenseitige Abhängigkeiten vorhanden sind. Nach Reinhard Bauß können wir etwa folgende Grundbedürfnisse beschreiben:

Grundbedürfnisse

Bedürfnisse des Körpers	Bedürfnisse der Seele	Bedürfnisse des Geistes
Pflege, Zuwendung, gute Ernährung, frische Luft	Wahrnehmen und Annehmen der eigenen Gefühle	Identität, Abgrenzung, Selbstachtung, Sinnfindung
Aktivität und Phasen zum Ausruhen und Regenerieren	Musik, Kunst, Natur Besinnung	Verantwortung, persönliches Wachstum
Ausdruck von Gefühlen, Ausleben von Impulsen	Seelennahrung wie erbauende Sinneseindrücke und Beschäftigungen	geistige Nahrung wie anregende Inhalte, Aufgaben, Herausforderungen

Seele und Körper, so meine ich,
wirken aufeinander ein.
Eine Veränderung des Seelenzustandes
bringt eine Wandlung der Körpergestalt hervor,
und umgekehrt führt eine Veränderung
der Gestalt des Körpers zu einer
veränderten Haltung der Seele.

Aristoteles

Der Körper ist das Gefäß oder das Haus, in dem Geist und Seele ihre Wirkung entfalten können. Das eine beeinflusst das andere. Jeder weiß, wie sich ein ungepflegter Körper zum Beispiel während einer Krankheit auf Geist und Psyche auswirkt. Häufig ist die erste Dusche nach überstandener Grippe ein Zeichen der Genesung und zwar nicht nur körperlich, sondern insgesamt auf allen drei Ebenen.

Der Körper ist das Gefäß oder Haus, in dem Geist und Seele ihre Wirkung entfalten können

Im Gegensatz zum Körper ist der Geist oder die denkende Vernunft mehr eine erwachsene Instanz, die Regie führt. Der Geist hat bei der Auseinandersetzung mit dem Leben die Rolle, den inneren Dialog zu führen, das heißt Kontakt mit körperlichen und seelisch-psychischen Befindlichkeiten aufzunehmen und Entscheidungen zu treffen, am besten mit Herz und Hand. Dabei spielen die verschiedenen Denkweisen des Gehirns, wie Logik und Intuition, sich ergänzende Rollen. Früher schrieb man dies der rechten und linken Gehirnhemisphäre zu. Neuere Ergebnisse der Gehirnforschung deuten darauf hin, dass es eher oberflächlichere und tiefere Ebenen des Gehirns sind, die dabei eine Rolle spielen.

Der Geist oder die denkende Vernunft ist mehr eine erwachsene Instanz, die Regie führt

Am schwierigsten ist die Beschreibung der Seele oder Psyche. Obwohl es eindeutig Bereiche im Hirnstamm gibt, die dem seelischen Erleben zugeordnet werden können, wie den Hypothalamus und das limbisches System, ist ein seelisches Erleben undenkbar ohne die ›Körperseele‹. Die Ganzheit der vegetativen Funktionen, des körperlichen Empfindens, besonders der Brust- beziehungsweise Herzgegend und der Sinne gehören dazu. Wir können die Seele auch als die Gesamtheit unserer Empfindungs- und Selbstheilungskräfte bezeichnen.

Die Seele können wir als die Gesamtheit unserer Empfindungs- und Selbstheilungskräfte bezeichnen

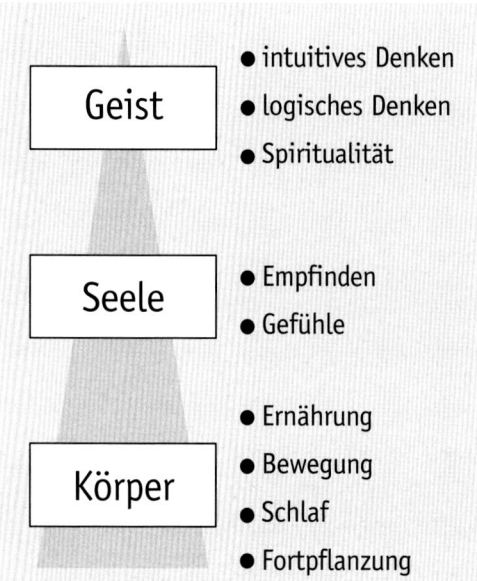

- intuitives Denken
- logisches Denken
- Spiritualität

Geist

- Empfinden
- Gefühle

Seele

- Ernährung
- Bewegung
- Schlaf
- Fortpflanzung

Körper

Die unterschiedlichen Funktionsbereiche von Körper, Geist und Seele

Die Abbildung zeigt die unterschiedlichen Funktionsbereiche von Körper, Geist und Seele, obwohl diese Trennung etwas künstlich erscheint. Sie ist jedoch in der Betrachtung notwendig, um genau zu unterscheiden, welche inneren Instanzen der Persönlichkeit am meisten im Stress sind. Gleichgültig, welcher Funktionsbereich beeinflusst wird, es hat immer auch eine Wirkung auf jeden anderen.

Mittels unseres Geistes haben wir die Fähigkeit, bewusst über uns selbst und das eigene Handeln zu reflektieren. Auf der einen Seite geschieht dies intuitiv, das heißt wie aus einer inneren Vorahnung, andererseits durch logisches Denken im Sinne von Eins und Eins ist Zwei.

Die Seele besitzt die Fähigkeit zur Empfindung oder die Wachheit für die Stimmung des Augenblicks. Sie ist eine Art Bewusstheit für das, was gerade ist.

Der Körper hat die Fähigkeit der materiellen Präsenz in der Form, dass die Körperteile in ihrem Zusammenspiel aufeinander abgestimmt sind und angemessen reagieren. Dieses bewusste Sein, das zum Beispiel für das Spielen eines Musikinstruments oder bei Sportlern notwendig ist und dort perfektioniert wird, ist bei den meisten Menschen nur in Ansätzen ausgebildet. Man kann diese Fähigkeit jedoch üben, um in den Genuss eines guten Körpergefühls zu kommen. Ein gutes Körpergefühl ist eine Voraussetzung, um Stress gelassener zu begegnen.

Ein gutes Körpergefühl ist Voraussetzung, Stress gelassener zu begegnen

Dies wird im Kapitel über Wiederbelebungsmaßnahmen für den Körper näher erläutert.

Der Körper repräsentiert nach psychologischen Kriterien das Unbewusste, man könnte ihn auch das »innere Kind« nennen. Es heißt so schön: »Der Körper lügt nicht.« Das bedeutet soviel wie: Wenn der Körper sich unwohl fühlt, dann entspricht das unserem tatsächlichen Zustand in diesem Moment, auch wenn uns das nicht immer gefällt und wir das Gegenteil behaupten.

Eine andere Redensart mit einem ähnlichen Hinweis ist: »Krankheit macht ehrlich.« Das heißt etwa, dass den Körper längst drückt, was Seele und Geist noch vor sich selbst geheim halten wollen. Oft lassen sich die genauen Auslöser wie etwa Scham oder Angst nicht nachvollziehen. Deshalb sollten wir uns auch hüten, daraus feste Gesetzmäßigkeiten abzuleiten. Wir müssen aber anerkennen, dass es immer einen Zusammenhang zwischen Körper und geistig-seelischem Befinden gibt. Wenn Sie einen Schnupfen haben, sind Sie eben ›verschnupft‹.

Bei der Fahndung nach der eigenen, für uns typischen Art, auf Stress zu reagieren, wird den Teilnehmern meiner Stress-Seminare stets allzu deutlich, dass der gestresste Zustand sich nur durch das Zusammenspiel aller drei Ebenen ändert. Dabei muss sich der eine mehr auf den Körper, die andere mehr auf Geist oder Seele konzentrieren. Das Endergebnis ist verblüffenderweise aber immer das Gleiche:

Gehe ich liebevoller mit meinem Körper um, so werden meine seelischen Empfindungen und mein geistiger Zustand sich automatisch verbessern. Umgekehrt führen klarere Gedanken in meinem Kopf sofort zu einem besseren Körpergefühl und einer besseren seelischen Verfassung. Genauso wie das Hören von Musik oder das Lesen eines guten Buches kann ein Spaziergang in der Natur alle drei Ebenen in Harmonie bringen.

Nach Don Johnson bringt der Körper zum Ausdruck, was von der Seele empfunden wird. Umgekehrt stellt der Körper Energie für den Geist und die Seele zur Verfügung. Oder, wie Laotse es anders ausdrückt: »Schwerkraft ist die Wurzel aller Anmut.«

Schwerkraft ist die Wurzel aller Anmut

Dabei bedeutet Anmut so viel wie gelöste Körperhaltung, wobei durch die innere Stimmigkeit und Leichtigkeit eine wunderbare Harmonie in der Bewegung entsteht. Diese ist zum Beispiel mit der Empfindung von Stress unvereinbar.

Wenn der Körper in natürlicher Spannung aufgerichtet ist, kann der Geist auch aufrecht und klar und das seelische Erleben aufrichtig sein. Auch haben glückliche und ›geerdete‹ Menschen eine größere Leistungsfähigkeit und Stress-Toleranz.

Karlfried Graf Dürckheim, der die östliche Philosophie für den Westen in vielen Schriften verständlich gemacht hat, nennt es den Leib-Seele-Kontakt. Wir benutzen manchmal auch den Ausdruck beseelter oder durchgeistigter Körper.

Das Manko unserer derzeitigen westlichen Welt liegt darin, dass wir keine Tradition einer Lehre über die Beziehung zwischen Körper und höheren Formen des Bewusstseins haben wie die Länder des asiatischen Kulturkreises. Dagegen ist die Schulung der Körperhaltung im Buddhismus, Hinduismus und Taoismus eine Grundvoraussetzung spiritueller Entwicklung (z. B. Zen-Meditation, Yoga, Taiji). Dies ist auch der Grund, weshalb diese Schulen so große Anziehungskraft auf den heutigen Menschen ausüben. Oft kann über solche Disziplinen ein Zugang zu einem besseren Körperbewusstsein entwickelt werden.

Dürckheim spricht von dem in dortigen Meditationsschulen bekannten Begriff der Achtsamkeit. Wenn ich während einer Tätigkeit achtsam mit mir bin und konzentriert auf das, was ich gerade tue, sind Körper, Geist und Seele voll beteiligt. Meine Handlungen werden ruhiger, zielgerichteter und haben eine Ausstrahlung von konzentrierter Kraft. Die Bewegungen werden mit optimalem Kraftaufwand, sowie in optimaler Schnelligkeit und Reihenfolge erledigt. Der Mensch bleibt dabei gelöst, ohne schlaff zu wirken. Es herrscht keine Hektik und kein Stress. Das ist erlernbar.

Um also angemessen mit den vielfältigen inneren und äußeren Stress-Ursachen umzugehen, müssen wir in gutem Kontakt mit dem Körper, der Seele und dem Geist sein. Da der Mensch willentlich nicht in der Lage ist, dieses komplizierte Zusammenspiel zu steuern oder zu kontrollieren, müssen wir Bedingungen schaffen, damit dies von selbst geschehen kann.

Wie lange werde ich brauchen?

Ein Schüler der Kampfkünste ging zu einem Lehrer und eröffnete ihm mit großem Ernst: »Ich möchte auf jeden Fall Ihren Kampfstil erlernen. Wie lange werde ich brauchen, bis ich ihn beherrsche?«
Der Lehrer antwortete beiläufig: »Zehn Jahre.«
Ungeduldig sagte der Schüler daraufhin: »Aber ich möchte es schneller schaffen. Wenn es sein muss, werde ich eisern trainieren, zehn Stunden oder mehr. Wie lange werde ich dann wohl brauchen?«
Der Lehrer dachte einen Augenblick nach und meinte: »Zwanzig Jahre.«

Zen-Geschichte

Sofort-Taktiken im Umgang mit Stress

Akuter Stress – und wie wir ihn erleben

Wenn ich meine Patienten frage, wie sie ihren Stress erleben, kommen so vage Antworten wie: »Es geht mir irgendwie schlecht«, »Ich bin ganz zerstreut, irgendwie außer mir«, »Es ist, wie wenn man neben sich steht.«

Offensichtlich ist ein Mensch, der im Stress ist, im Stress, statt in sich.

Offensichtlich hat im Stress zu sein eine ganz bestimmte Veränderung im körperlichen, geistigen und seelischen Befinden zur Folge.

Dieses Gefühl lässt sich während meiner Stress-Seminare immer gut reproduzieren, indem alle durch den Raum gehen und sich intensiv vorstellen, im Stress zu sein. Der eine denkt zum Beispiel an die Hektik an seiner Arbeitsstelle, die andere an die vielen Besorgungen, die neben Beruf und Kindern noch zu erledigen sind. Die Teilnehmer merken sofort, dass sie auf alles andere konzentriert sind, nur nicht auf sich selbst. Die Augen schweifen ziellos umher, der Blick ist unklar, der Gang unharmonisch und verkrampft. Die Atmung ist flach und kraftlos. Die Gedanken kreisen im Kopf, und eine auffallend beklemmende Stimmung breitet sich aus, die jeder unangenehm spürt.

Dieser Zustand ändert sich augenblicklich, wenn an alle die Aufforderung ergeht, besonders gut auf den Bodenkontakt der Füße zu achten und eine Haltung, bei der der Körper locker aufgerichtet ist. Im gleichen Moment atmen alle auf, und jeder fühlt sich besser. Die allgemeine Stimmung steigt sofort, die Atmosphäre entspannt sich. Der alte Stress-Zustand lässt sich aber sofort wiederherstellen, indem die Teilnehmer die vorherige Körperhaltung einnehmen und sich in die Stress-Empfindung begeben.

Häufig kommt dann die ungläubige Frage, ob es tatsächlich so einfach sein soll, sich aus dem Stress herauszuholen. Rein praktisch wäre es tatsächlich sehr einfach, denn kein Mensch kann gleichzeitig entspannt und im Stress sein. Kinder können zum Beispiel von einer Minute zur anderen Stimmung und Haltung wechseln. Uns Erwachsenen gelingt das aber nicht so leicht.

Eingebahnte Verhaltensmuster

Wie wir wissen, sind im Leben alle genialen Dinge sehr einfach, das heißt aber nicht, dass uns auch leicht fällt, was einfach ist. Wir müssen mit unserem inneren Widerstand rechnen. Eingebahnte Verhaltensmuster sind sehr hartnäckig. Schlimmer als der so genannte Stress ist unsere eigene gelernte und gewohnte Art zu reagieren, unser innerer Amtsschimmel, der dafür sorgt, dass wir immer in der gleichen Weise auf gewisse Reize von außen reagieren, ob das nun zur aktuellen Situation passt oder nicht.

Die Fähigkeit, mit Stress umzugehen

Die Fähigkeit, mit Stress umzugehen, hängt also entscheidend davon ab, ob wir ganz klar spüren, was gerade in uns selbst und in der Situation, in der wir uns gerade befinden, los ist.

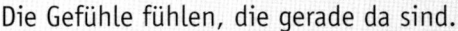

Die Gefühle fühlen, die gerade da sind.

Den Körper spüren.

Einen klaren Kopf behalten für das, was gerade abläuft.

Das, was ist, wahrnehmen, ohne es zu bewerten.

Gelassen und angemessen reagieren.

Voraussetzung ist, dass wir an der Stress-Situation wirklich etwas ändern wollen. Das ist gar nicht so selbstverständlich, es erfordert nämlich die Bereitschaft, Verantwortung für die eigene Befindlichkeit zu übernehmen und gut für unser eigenes inneres Gleichgewicht und unsere Ganzheit zu sorgen. Für manchen mögen das große Worte sein, die zunächst einmal ungewohnt sind. Viele von uns haben als Kinder von ihren Eltern gelernt, dass am eigenen Befinden immer etwas oder jemand schuld sei. Vielleicht haben Sie Sätze gehört wie: »Sei nicht so laut und so frech, sonst kriegt der Papa Herzschmerzen.«

Verantwortung für die eigene Befindlichkeit übernehmen

Wie soll ein Kind lernen, dass Papa für seine Herzschmerzen selber zuständig ist, dass er ausdrücken könnte, wie ihm gerade zumute ist und er etwas tun oder um etwas bitten könnte, wodurch es ihm besser ginge. Stattdessen haben sich die meisten Menschen daran gewöhnt, für eigene Dissonanzen immer im Außen nach Schuldigen zu suchen. Darauf wird oft eine Menge Energie verwandt.

Ein Umdenken ist da gar nicht so leicht. Es braucht ein wenig Übung, aber vor allem unsere Bereitschaft zu einer neuen Sensibilität. Die allein verändert schon eine ganze Menge. Denn wir merken dann rechtzeitig, wenn sich unsere Energien zwischen all den vielen verschiedenen Aktivitäten und Reizauslösern des Alltags zerstreuen.

Nur wenige Menschen besitzen von Natur aus die Fähigkeit, bei sich zu bleiben und sich angemessen abzugrenzen. Da sagt die Freundin beispielsweise: »Ach, mit mir ist heute gar nichts los«, und sofort sinkt die Stimmung bei allen anderen im Raum, als hätten sie selbst den Katzenjammer. Man kann die Fähigkeit des Abgrenzens erlernen. Auch sie ist damit verbunden, sich selbst spüren zu können. Dazu wird noch ausführlicher berichtet.

✖ Zunächst ist die Frage zu klären, wie wir in unserem Inneren den Zustand erleben, im Stress zu sein. Stellen Sie sich folgende Situation vor:

Sie sitzen an Ihrem Schreibtisch, kauen an Ihrem Bleistift oder drehen Däumchen und grübeln sorgenvoll über das Problem, das Ihnen gestern eines Ihrer Kinder erzählt hat. Eigentlich sind Sie gerade dabei, Ihre Steuererklärung oder sonst eine wichtige Angelegenheit zu Ende zu bringen. Sie schweifen ständig ab und kommen vom Hölzchen aufs Stöckchen. Sie werden immer missmutiger, ungeduldiger und zweifeln daran, die Arbeit je zu schaffen.

Stumpfsinnig brüten Sie vor sich hin. In Ihrer Schreibtischschublade liegt eine Schachtel Pralinen. Damit trösten Sie sich erst einmal. Sie schauen über Ihren Schreibtisch und stellen fest, dass statt der entscheidenden Unterlagen tausend andere Papiere herumliegen, die auch alle noch dringend sortiert werden müssen.

Das Telefon klingelt. Ihre Mutter fragt nach, ob Sie den versprochenen Brief mit den Bankunterlagen schon abgeschickt haben. Natürlich haben Sie das schon wieder vergessen. Ihre Laune ist auf dem Nullpunkt. An ein Weiterarbeiten ist nicht zu denken. Inzwischen sind Sie völlig entnervt. Sie schauen auf die Uhr und stellen fest, dass es 19:00 Uhr ist, Zeit fürs Abendessen. Der ganze Nachmittag ist vertan. Sie verschieben alles auf unbestimmte Zeit.

Typisch für diese gefühlsgeladene Stress-Situation ist, dass die Energien durch die Fülle der gleichzeitigen Abläufe in verschiedene Richtungen gezerrt werden und sich Denken, Fühlen und Handeln am Ende gegenseitig blockieren. Sie atmen, als hätte Ihnen jemand verboten, Luft zu holen. Das Körpergefühl ist beklemmend. Die eine hat einen Kloß im Magen, der andere zieht den Nacken ein. Und dies drückt die sowieso schon schlechte Stimmung noch weiter.

An diesem Zustand können Sie nur durch bewusstes Stress-Management etwas ändern. Wenn Sie nichts daran ändern, kann er Ihnen mehrere Tage schlechter Laune bescheren.

In Strategien zur Stress-Bewältigung erfahren, würde die Geschichte vielleicht so ablaufen:

Sie merken, wie Sie schon einige Zeit völlig verkrampft an Ihrer Steuererklärung sitzen und wie Sie gerade dabei sind, in heftiges Grübeln über ungelegte Eier zu verfallen. Sie halten inne, holen tief Luft und atmen ein paar Mal ausgiebig – vor allem – aus. Bei der Frage: »Was ist eigentlich gerade mit mir los?«, wird Ihnen bewusst, dass Sie sich lustlos, müde und aus dem Tritt fühlen. Sie schauen auf die Uhr und stellen fest, dass der Nachmittag schon weit fortgeschritten ist und Sie vor dem Abendessen nicht mehr alles fertig bekommen. Spätestens als dann auch noch Ihre Mutter anruft und ein Anliegen an Sie hat, merken Sie, dass etwas mit Ihrer gesamten Zeitplanung nicht stimmt und dass Sie in dem Zustand, in dem Sie sich gerade befinden, die Sache nicht so schnell zu Ende bringen werden.

Sie machen sich eine Notiz zu dem Anruf, unterbrechen Ihre Tätigkeit und nehmen sich vor, nach dem Abendessen zu entscheiden, welche Vorgänge Sie wann und wie erledigen wollen. Dabei fällt Ihnen ein, dass die unliebsame Steuererklärung erst dann mit Schwung erledigt werden kann, wenn alles andere vom Tisch verschwunden ist und wenn Sie sich

dafür fit genug fühlen. Sie ordnen nach dem Abendessen Ihren Schreibtisch, um am nächsten Morgen die unliebsame Arbeit gleich als Erste mit frischem Schwung in Angriff zu nehmen.

Der Unterschied zur ersten Situation ist deutlich. Die Person kommt sich mit rasanter Geschwindigkeit auf die Schliche. Wenn Sie daran gewöhnt sind, dauert das nur Bruchteile von Sekunden. Sie verliert keine Zeit mit irgendwelcher Trübsal, erfasst den Kern des Problems mit klarem Kopf, nimmt auf ihre gesamte Verfassung Rücksicht und steckt sich realistische Ziele. Das hebt die Stimmung und motiviert.

Tunnelblick und Stress-Spirale

Eine große Gefahr im Umgang mit Stress ist der Tunnelblick. Wenn wir in Stress geraten, geschieht immer das Gleiche, das Körper-Geist-Seele-System driftet auseinander. Der Körper erstarrt auf irgendeine Weise oder funktioniert nur noch automatisch. Das Denken bewegt sich in vorgefahrenen Gleisen wie etwa beim Grübeln. Die Gefühle stumpfen ab, oder sie werden ganz abgeschaltet.

Es kann auch sein, dass ein bestimmtes Gefühl wie zum Beispiel Angst völlig überhand nimmt. Man kann diesen Zustand mit einem Dreier-Team vergleichen, bei dem jeder macht, was er will, und die Kommunikation erstorben ist.

Jeder kämpft gegen jeden. So hat zum Beispiel der Körper schon lange keine Lust mehr, am Schreibtisch zu sitzen, die Seele gerät in Panik ob der Fülle der zu erledigenden Aufgaben und der Geist treibt alle ohne Rücksicht auf Verluste an im Sinne von: »Stell dich nicht so an, du musst!« Das Typische ist, dass Körper und Gefühl meist kein Stimmrecht haben. Sie werden mundtot gemacht oder überhört. Das Denken beherrscht alles.

> In einem typischen Stress-Zustand engt sich unsere Wahrnehmung auf einen winzigen Ausschnitt ein. Alles andere wird ausgeblendet. Und was das Schlimmste ist, das Verharren in diesem Zustand von Vermeiden und Aufschieben kann zu einem Tage anhaltenden Stress führen.

Dies ist der Grund, warum Stress erst einmal so hingenommen wird, auch wenn alle ausgiebig darauf schimpfen. Mit unserem Tunnelblick können wir ihn ja gar nicht erkennen, geschweige denn, etwas ändern. Wir brauchen also erstens ein Frühwarnsystem für das Ansteigen des Stress-Pegels und zweitens die Bereitschaft, aus unserem Tunnel hinaus in die Landschaft zu blicken.

In meinen Seminaren zur Stress-Bewältigung üben wir als Erstes, eine Sensibilität für diesen Mechanismus zu entwickeln und Strategien zum Verlassen des Tunnels anzuwenden. Denn, was sich so einfach anhört, ist eine große Kunst, die es zu trainieren gilt. Erst wenn Herz und Verstand wieder zusammenarbeiten, hört der Stress auf.

Den Mechanismus, der bei Stress aktiv ist, zu kennen und zu verstehen, ist Voraussetzung für alles Weitere

Sie werden sich fragen, wie man das erreichen kann. Zunächst nur dies: Zu wissen und zu verstehen, dass dieser Mechanismus bei Stress aktiv ist, ist Voraussetzung für alles Weitere, denn dann können Sie sich auf die Schliche kommen.

Doch, was tun, wenn wir einen Wust von Wahrnehmungen gleichzeitig haben, die wir noch gar nicht sortieren können? Denn Stress kann sich in einer Mischung aus unterschiedlichen körperlichen und geistig-seelischen Befindlichkeiten bemerkbar machen wie:

Angst, Nervosität, Hyperaktivität, körperliche Anspannung, innere Zerrissenheit, Kreativitätsstau, Erschöpfung, Selbstverlorenheit, Grübeln, geistiger Nebel, seelisches Tief, Unsicherheit, Realitätsverlust, Depressivität, Verlust des allgemeinen Überblicks, innere Leere, Verwirrung, Gefühlschaos

Im Zustand des Tunnelblicks lässt sich eine genaue Stress-Diagnose nicht stellen.

Oft haben wir auch gute Gründe, uns den Berg von schier unvereinbaren Regungen nicht so gerne anzusehen. Es ist uns vielleicht unangenehm, dass wir überhaupt so empfinden, und wir schämen uns, nicht alles im Griff zu haben. Wir vergleichen uns mit anderen, die das alles bestimmt viel schneller und besser können, und wir werten uns als unfähig und minderwertig ab. Unser Tunnelblick engt unser Denk- und Urteilsvermögen derart ein, dass wir manchmal sogar den Kontakt zur Realität verlieren können. Weil wir dann aber auch den Kontakt zu unseren Gefühlen und zu unserem inneren Wesen verlieren, werden wir unmenschlich – vor allem zu uns selbst. So paradox es ist:

Der Tunnelblick engt das Denk- und Urteils- vermögen ein

> Je schlechter es uns geht und je nötiger wir eigentlich eine Erholungspause und Selbstfürsorge brauchen, desto mehr vermeiden wir genau das. Denn das hieße ja zu merken, wie schlimm es um uns gerade steht. Und solch eine tiefe Verbeugung macht keiner gerne freiwillig. Erst wenn das Leid zu groß wird, sind wir dazu bereit.

Ich sehe vor mir einen Bankangestellten, Mitte vierzig, sehr korrekt. Er hetzt mit seinem dunkelgrauen Aktenkoffer morgens um 7:00 Uhr zur Bushaltestelle und schleppt sich abends um 21:00 Uhr wieder nach Hause. Er arbeitet fast ohne Pause mit großer Angst, nicht gut genug zu sein. Krawatte und grauer Anzug bestimmen sein Lebensgefühl. Erst als ein unbeherrschbarer hoher Blutdruck und erbärmliche Ohrgeräusche ihn quälten, merkt er seine innere Zwangsjacke.

Sie mögen einwenden, das sei die Realität von Tausenden von Arbeitnehmern. Stimmt. Aber mit dieser Realität kann man sehr unterschiedlich umgehen. Und das will ich Ihnen hier vermitteln.

Die Stress-Spirale dreht sich immer weiter, wenn wir krampfhaft versuchen, ganz locker zu erscheinen, damit nur ja keiner etwas von unserer Not merkt.

Viele Menschen haben noch gut in Erinnerung, wie sie als Kind von Eltern oder anderen Erwachsenen wegen eines ungeschickten Verhaltens bloßgestellt wurden. Diese Erfahrung, beschämt zu werden, sitzt vielen so in den Knochen, dass sie in jeder Stress-Situation wieder hochkommt und entsprechende Körperreaktionen, Gedanken und Gefühle auslöst. Dieser Mechanismus ist aus der Therapie schwer traumatisierter Menschen bekannt. In banalen Stress-Situationen wird er meist unterschätzt. Um nur ja keinen Fehler zu machen und sich keine Blöße zu geben, sind viele Menschen ständig in Hab-Acht-Stellung. Sie neigen zu einem krankhaften Perfektionismus. Von der Art, sich zu kleiden, bis zur Ausdrucksweise, alles soll das wahre Innere vertuschen. Anstrengend! Man kann sich vorstellen, wie schnell da schon Kleinigkeiten zum Super-Stress eskalieren können.

Ich sehe vor mir eine sehr auf Korrektheit bedachte Geschäftsfrau, die bei ihrer Arbeit stets im Rampenlicht des Geschehens steht. Sie hat das Gefühl, jede ihrer Regungen würde sofort und stets von jedem registriert und innerlich kommentiert. Jede Bemerkung von Mitarbeitern wird von ihr auf die Goldwaage gelegt.

Bei ihr hatte die »Ach lass man!«-Meditation eine große Wirkung: Jedes Mal, wenn sie sich dabei ertappte, alles zu kontrollieren, und dabei wieder ins Schwitzen kam, sagte sie sich: »Ach lass man!«, musste selbst über sich lächeln und wurde gelöster.

Wie kommt man aus diesem Dilemma heraus?

Wenn du etwas zusammenziehen willst,
musst du es sich erst ausdehnen lassen.
Wenn du etwas beseitigen willst,
musst du es sich erst entfalten lassen...
Das heißt feine Wahrnehmung der Dinge,
wie sie sind.

Aus dem Tao Te King

Kontrolle zurückgewinnen durch Loslassen

Obigen Spruch möchte ich ergänzen mit dem Satz: Wenn du vorwärts gehen willst, musst du erst einen Schritt zurücktreten. Warum?

Der erste Impuls ist immer, dass wir dieses ganze komplizierte Chaos sofort entwirren und beherrschen, alles ganz schnell unter Kontrolle bringen wollen. Mit oft hochrotem Kopf strengen wir uns bis aufs Äußerste an, damit alles wieder ›normal‹ wird. Doch genau das ist der Holzweg. Das Ziel, die Kontrolle über sich selbst zurückzugewinnen, lässt sich nur indirekt erreichen, indem wir genau das Gegenteil tun, nämlich die Kontrolle über diesen verwirrenden Zustand aufgeben und loslassen – wenigstens für einen kurzen Moment.

Löst das bei Ihnen Skepsis oder Angst aus? »Wie soll ich denn auf Knopfdruck aus Panik oder Erregung aussteigen können?« Anfangs wird es Ihnen sicher nicht gleich gelingen, Ihren größten Stress loszuwerden. Aber meine Erfahrung in der Praxis bestätigt, dass sich durch Üben in banalen Alltagssituationen eine Routine einstellt, mit der Sie heraufziehende Gefahrensituationen sehr schnell erkennen und gezielt umschiffen oder bewusst durchleben können.

Ein ganz einfaches Beispiel. Sie suchen hektisch Ihren Schlüssel, vergeblich, überall. Erst in dem Moment, in dem Sie aus lauter Verzweiflung kapitulieren und dadurch zur Ruhe kommen, richtet sich ihr Blick wie von selbst auf die Haustür. Der Schlüssel steckt noch.

Die Erklärung ist einfach. Wenn Sie verkrampft denken, benutzen Sie nur einen Bruchteil Ihres Gehirnpotentials, nämlich nur das logische Denken. Sobald Sie sich etwas entspannen, haben Sie auch Zugang zu ihrem intuitiven Denken, das Denken wird sozusagen ganzheitlich. Ihr siebter Sinn wird aktiv und dann klappt es. Erfahren in Stress-Management, werden Sie sich auf die Schliche kommen, dass Sie dazu neigen, bei der kleinsten Kleinigkeit in Panik zu geraten. Deshalb werden Sie frühzeitig nach einem Stuhl suchen, um innezuhalten und nachzudenken.

Eine Frau, die eine kinderreiche Familie zu versorgen hatte und immer schnell aus der Fassung geriet, berichtete in einem Seminar Folgendes: Sie wollte »mal eben schnell« und mal wieder viel zu spät, eines der Kinder mit dem Auto zur Schule bringen, als sie merkte, dass die Waschmaschine übergelaufen war. Auf dem Weg zur Nachbarin, bei der sie sich Hilfe holen wollte, sperrte sie sich aus, und es ging nichts mehr. Normalerweise hätte sie sich in Panik aufgelöst, doch diesmal war sie sehr klar. Sie setzte sich einen Moment auf den Boden und atmete aus. Mit dem Handy, das sie zufällig in der Tasche hatte, rief sie ihren Mann wegen des Ersatzschlüssels an, und innerhalb kurzer Zeit konnte sie die Sache in Ordnung bringen. Das Kind wurde währenddessen von der Nachbarin zur Schule gebracht.

Vom Reagieren zum Handeln

Stress zu bewältigen, ist eigentlich etwas sehr Einfaches, nämlich in der Situation, die wir gerade erleben, wach und klar zu sein. Aber gerade das fällt uns besonders schwer. Stattdessen fühlen wir uns schon so viele Jahre und Jahrzehnte in den ausgetretenen Pfaden unserer alten, funktionierenden Verhaltensmuster wohl.

Das Typische für alt gewohnte Muster ist, dass sie vollautomatisch ablaufen und immer richtig zu sein scheinen. Diesen scheinbaren Vorteil bezahlen wir oft teuer mit heftigen Stress-Reaktionen. Sie haben zum Beispiel als Kind die Erfahrung gemacht, mit technischen Dingen nicht zurechtzukommen. Vielleicht sind Sie auch noch durch typische gesellschaftliche Rollenmuster darin bestärkt worden, dass Frauen technisch dumm sind. Die Folge ist, dass Sie sich bei jeder auch nur

Alte Überzeugungen verstärken den Tunnelblick

annähernd technisch anmutenden Tätigkeit automatisch verkrampfen, denn Ihr Verhalten wird von dem felsenfesten Glaubenssatz geprägt: »Du lernst es nie!« Das ist Stress pur. »Du lernst es nie!«, kämpft mit: »Ich will aber!« Wer gewinnt, hängt einzig davon ab, ob Sie den alten Drachen erkennen und ihm wie im Märchen den Kopf abschlagen.

Um Stress zu verhindern, ist es deshalb notwendig, das automatische Reagieren durch realitätstaugliche Impulse zu ersetzen, das heißt, vom Reagieren zum Agieren zu kommen. Da der Begriff Agieren jedoch stark den Klang von blindem Aktionismus hat, ersetze ich ihn lieber durch das Wort Handeln. Ich werde Ihnen im Kapitel über geistige Übungen genaue Techniken nennen, wie Sie ganz konkret alte Muster kompostieren und in realitätstaugliche Verhaltensmuster verwandeln können.

Obwohl es sich hier um psychologisch äußerst komplizierte Mechanismen handeln kann, bleiben wir ganz unbefangen und wenden in

Vom Reagieren zum Handeln

Bezug auf unseren konkreten Stress immer die gleichen, sehr effektiven Strategien an, um unsere Körper-Geist-Seele-Kommunikation wieder in Gang zu bringen. Wir erreichen dies, indem wir einen Moment loslassen und innehalten. Wie das genau funktioniert, wird im Folgenden Schritt für Schritt dargestellt.

Eine kleine Übung vorweg ⊗

Wie geht es Ihnen gerade jetzt in diesem Moment? Stehen Sie gerade in einer Buchhandlung und wollten eigentlich nach etwas anderem schauen als nach diesem Buch? Oder sind Sie zu Hause und wollten eigentlich lesen, müssen aber noch kochen, dringend etwas zu Ende erledigen oder bekommen gleich Besuch, der Ihnen gar nicht so recht ist?

Klartext: Sind Sie gelöst oder im Stress? Sie können dies sehr schnell daran überprüfen, wie sich Ihr Körper anfühlt. Schauen Sie in sich hinein.

❖ Wie stehen oder sitzen Sie?

❖ Wie fühlen sich Gesicht, Kiefer, Schultern, Bauch, Becken, Beine an?

❖ Sind Ihre Füße kalt?

❖ Schwitzen Sie gerade?

❖ Fließt Ihr Atem frei und ruhig?

❖ Nehmen Sie sich genug Luft?

❖ Spüren Sie den Atem in den Flanken, im Rücken, Bauch, Brustkorb?

❖ Haben Sie noch dringende Geschäfte zu erledigen oder sind Sie gerade heftig in irgendeinem Freizeit-, Beziehungs-, Berufs- oder sonstigen Stress?

Wenn Sie sich gerade mit irgendwelchen schwierigen Fragen und Arbeiten herumplagen und nicht ›flüchten‹ können, sondern ›standhalten‹ müssen, dann stellen Sie wenigstens jetzt einen guten Kontakt zu sich her.

Falls Sie gerade in einer Mußephase sind, dann lesen Sie jetzt weiter.

Sie merken, eine Haltung von Nüchternheit und Selbststeuerung ist zumindest sehr viel sinnvoller als die Haltung des verschreckten Kaninchens. Jetzt haben wir alles, was wir brauchen, und es kann losgehen.

Warum der Schäfer jedes Wetter liebt

Ein Wanderer:
»Wie wird das Wetter heute?«

Der Schäfer:
»So, wie ich es gern habe.«

»Woher wissen Sie,
dass das Wetter so sein wird,
wie Sie es lieben?«

»Ich habe die Erfahrung gemacht,
mein Freund,
dass ich nicht immer das bekommen kann,
was ich möchte.
Also habe ich gelernt,
immer das zu mögen,
was ich bekomme.
Deshalb bin ich ganz sicher:
Das Wetter wird heute so sein,
wie ich es mag.«

Anthony de Mello

naram

Das Höchste-Not-Programm

Jeder Mensch wendet bei Stress oft schon unbewusst innerhalb von Sekunden die eine oder andere Strategie an. Ich möchte Ihnen in Form einer Zeitlupenaufnahme zeigen, in welchen drei wesentlichen Schritten der Prozess der Stress-Bewältigung am besten funktioniert. Denn dies sollte nicht dem Zufall überlassen bleiben. Vielmehr soll Ihnen bewusst werden, was da abläuft, denn dann können Sie es auch steuern. Ich werde dazu jeweils ›Werkzeuge‹ nennen, die Ihnen dabei helfen können.

Ich möchte Sie aber vorher noch fragen, ob Sie Stress wirklich loswerden wollen, denn damit verlieren Sie auch Ihre wichtigste Strategie der Gefühlsvermeidung. Und in unserer heutigen Zeit ist dies schon fast eine Mutprobe. Statt *cool* zu sein, wird Ihnen warm ums Herz. Ich nehme an, Sie sind mutig. Auch ich habe mir vorgenommen, mutiger zu sein.

Sinnvolle drei Schritte

Erster Schritt: Innehalten, bewusst wahrnehmen, akzeptieren

Zweiter Schritt: Diagnose stellen und Bedürfnisse definieren ②

Dritter Schritt: Lösungsorientiert handeln

Dabei gehören Schritt 1 und 2 zur Bestandsaufnahme und der dritte Schritt beschreibt als Ergebnis die Aufforderung zum Handeln.

① Erster Schritt: Innehalten, bewusst wahrnehmen, akzeptieren

Innehalten

Sobald Sie feststellen, dass mit Ihnen etwas nicht stimmt und Sie sich im Stress fühlen, sagen Sie sofort: »Stopp!« Im Zen wird die Silbe Mu gebraucht, um klar zu werden. Probieren Sie es aus! Sie achten auf Ihren Atem, wie er ein- und ausströmt, und halten inne. Dadurch kommen Sie vom Denken ins Fühlen. Sie spüren sich wieder besser. Wie Wagner und Macho feststellen, ist der Atem der Schlüssel zur Verbindung der Intelligenz des Herzens mit der Intelligenz des Gehirns.

Wenn wir einatmen, wissen wir,
dass wir einatmen.
Wenn wir ausatmen, wissen wir,
dass wir ausatmen.
Durch diese Übung wird der Atem
zum bewussten Atem.
Unser Atem sollte leicht,
gleichmäßig und unhörbar sein.
Er sollte sanft fließen wie ein Bach,
der über feinen Sand ins Meer rinnt.

Thich Nhat Hanh

Ich beschreibe diesen Vorgang gerne so: Lassen Sie sich durchsacken, machen Sie ein dummes Gesicht, so als ob in Ihrem Gehirn nur leere Luft wäre. Ein Techniker, den ich zu beschreiben bat, wie er das bei sich erlebt, sagte: »Es ist, als wenn ich die Betriebstaste drücke. Mein Computer fährt dann komplett herunter.«

Kontakt-Übung

❖ Wir spüren, womit der Körper gerade Kontakt hat, sei es der Stuhl, der Boden, die Bettdecke oder die Kleidung auf der Haut.

❖ Wir stellen uns vor, wir würden damit verschmelzen, indem wir den Atemstrom sanft dorthin lenken.

Dies ist keine rein technische Übung. Sie sollten mit Ihrem ganzen Gefühl für sich selbst dabei sein. Die Wahrnehmung ähnelt dem Gefühl, das wir haben, wenn wir mit einem Menschen zart in Berührung sind. Es erlaubt uns, von uns selbst berührt zu sein, indem wir bewusst den Kontakt zu etwas spüren, auch wenn es nur ein Stuhl ist.

Probieren Sie es aus, jetzt!

Diese Übung ist ein wunderbares Erholungsritual. Sie lässt sich überall unbemerkt einschieben. Kein Mensch bekommt etwas davon mit. Und vor allem, Sie sind danach wieder in sich, statt im Stress.

Die Kontaktübung ist ein besonders hilfreiches Werkzeug. Im Kapitel über heilende Stille-Übungen werden Sie dazu noch Näheres erfahren.

Durch das Innehalten unterbrechen Sie die Stress-Spirale, das Grübeln, das Rotieren im Kopf, und holen sich auf den Boden der Tatsachen. Kein Mensch kann konkret etwas fühlen, auch wenn es nur das Gesäß auf dem Stuhl ist, und gleichzeitig im Stress sein.

Bewusst wahrnehmen

Machen Sie sich bewusst, was ist. Das heißt: Es ist so, wie es ist. Lenken Sie Ihre ganze Aufmerksamkeit genau darauf, wie sich das, was ist, anfühlt. Spüren Sie Ihren Körper, denn in ihm spiegeln sich Ihre Gefühle und Gedanken wider. Bewerten Sie nichts. Machen Sie sich nichts vor, sondern sehen den Tatsachen ins Auge. Das ist die angekündigte Mutprobe. Denn wer gibt schon gerne vor sich selbst zu, sich in einer Gesellschaft von Menschen gerade ganz unsicher und klein zu fühlen und sich krampfhaft zu bemühen, locker zu wirken, was das eigene peinliche Gefühl nur noch verschlimmert. Bewusst machen heißt hier, dieses Gefühl genau wahrzunehmen, sich einen Moment genau darauf zu konzentrieren, nicht zu urteilen und sich nicht mit anderen zu vergleichen.

Magischer-Helfer-Taktik

Diese Übung hilft, keine Angst vor dem Wahrnehmen der Wirklichkeit zu haben.

Stellen Sie sich eine imaginäre Person Ihres Vertrauens vor, zum Beispiel eine weise Frau oder einen weisen alten Mann, eine Person, die Sie vielleicht von früher her kennen, oder eine religiöse Persönlichkeit, die Ihnen etwas bedeutet. Diese Person steht hinter oder neben Ihnen und unterstützt Sie mit bedingungsloser Liebe, mit Verständnis und einer viel größeren Kraft, als Sie selbst haben. Vor allem aber lacht diese Person Sie nicht aus.

Falls Ihnen diese konkrete Vorstellung nicht so zusagt oder Ihnen albern vorkommt, machen Sie es anders: Stellen Sie sich zum Beispiel einen freien Raum um sich herum vor, der Ihnen Weite, Stärke und Freiheit vermittelt. Ihrer Phantasie ist hier keine Grenze gesetzt.

Da es meist unser Kind-Ich ist, das Schwierigkeiten hat, können Sie sich auch vorstellen, dass Sie sich mütterlich oder väterlich zur Seite stehen. Meine Seminarteilnehmer beschreiben bei dieser Übung immer ein Gefühl von mehr Kraft, Selbstvertrauen und Präsenz. Sie können ganz genau sagen, wo sich die Unterstützung besonders gut anfühlt. Manche empfinden sich auf einmal als »doppelt« (so stark), mit mehr Würde und Lockerheit. Alle spüren ganz konkret eine sofortige Aufrichtung im Körper, ohne dass eine längere Entspannungsphase notwendig wäre. Diese Hilfskonstruktion führt uns weg von der totalen Identifikation mit dem Problem, hin zu mehr Nüchternheit und Klarheit. In diesem Zustand ist unser Gehirn kreativer im Finden von Lösungen.

Akzeptieren

Dieser Punkt bedarf besonderer Beachtung, denn hier übernehmen Sie Verantwortung für die Situation. Sie nehmen das, was ist, nicht nur bewusst wahr, sondern Sie sagen Ja dazu. Das bedeutet, Sie kämpfen nicht dagegen an, sondern sind bereit, alle Konsequenzen, die damit verbunden sind, auszuhalten und damit umzugehen. Und was leicht unter den Tisch fällt, Sie verzeihen sich selbst und anderen, dass es zu dieser Situation gekommen ist. Dieser Schritt ist nur möglich, wenn Sie hier eine Handvoll Mitgefühl mit sich selbst und am Besten auch noch eine Portion Humor beimischen.

Ich finde diesen Schritt manchmal besonders schwer, aber er ist unbedingt notwendig, um etwas Gutes aus der Situation zu machen. Er ist ein Akt der Demut. Demut hat dabei nichts mit Demütigung zu tun, sondern ganz im Gegenteil mit Würde und Achtung vor etwas, das größer ist als wir selbst, das wir einfach nicht mehr ganz im Griff haben. Sie könnten in dieser Situation also sagen: »So schwer es mir fällt, zu akzeptieren, wie unbeholfen ich hier gerade herumstehe, es ist okay. Kann passieren, aber deshalb muss ich mich nicht in Stress begeben. Ich stehe dazu und mache das Beste daraus.« Sie müssen nun zwar mit der *Ent*täuschung leben, dass Sie sich die Gesellschaft viel angenehmer vorgestellt haben, aber Enttäuschung ist ein klares Gefühl und kein Stress. Es kann sogar sein, dass Sie erleichtert sind, wenn die Täuschung aufhört. Das setzt Energien für vielfältige Verhaltens-möglichkeiten frei.

Die Kontaktübung und die Magischer-Helfer-Taktik unterstützen Sie dabei.

✕ Sich selbst in den Arm nehmen

Um mit unliebsamen Gefühlen fertig zu werden, ist es manchmal hilfreich, sich ganz konkret selbst in den Arm zu nehmen und – wenn es gerade machbar ist – etwas hin und her zu wiegen. Es stellt den Kontakt zum eigenen Ich wieder her. Kinder machen das instinktiv. Ich erinnere mich noch gut an die beruhigende Wirkung der Schaukel im Garten meines Großvaters, wenn ich mich allein fühlte.

So manchem von Ihnen mag das peinlich vorkommen, vor allem Männern. Denn nicht umsonst wurde ihnen eingetrichtert, dass Gefühle nicht zählen. Es ist nicht unbedingt nötig, konkret zu werden, allein die Vorstellung, dass Sie sich selbst umarmen, reicht schon aus.

So ungewohnt es für manche vielleicht klingen mag, aber meine Erfahrung in der Arbeit mit Patienten ist, dass die meisten Menschen einen dramatischen Mangel haben, sich selbst zart zu berühren. Wer aber nicht von sich selbst berührt ist, kann auch andere nicht wirklich berühren. Und das macht hart, kalt und letztlich unflexibel und stressanfällig.

Zusammenfassung

Der erste Schritt ist, sich bewusst zu werden und einzugestehen, was ist, und zuzugeben und zu akzeptieren, dass Sie etwas nicht mehr ganz in der Hand haben. Dieser Schritt wird aus Angst vor den Konsequenzen oft vermieden. Haben Sie sich aber erst einmal daran gewöhnt zu sagen: »Ja, es ist so, wie es ist«, ergeben sich daraus ganz neue Perspektiven.

Zweiter Schritt: Diagnose stellen und Bedürfnisse definieren

Diagnose stellen

Nachdem Sie erkannt haben, dass Sie sich in einer Situation nicht wohl fühlen, schauen Sie genauer hin, was los ist. Denn nicht immer ist die Situation so einfach wie das peinliche Gefühl in der Gesellschaft, obwohl auch das einem sehr zusetzen kann. Egal wie kompliziert Ihr Problem ist und wie konfus Sie sich fühlen, kreisen Sie das Problem ein.

Stellen Sie sich folgende Fragen, um die genaue Ursache herauszufinden:

❖ Habe ich Stress, weil es mir körperlich nicht gut geht? Habe ich zum Beispiel Schmerzen, fühle ich mich krank oder bin ich einfach nur müde und erschöpft?
❖ Bin ich durch bestimmte Empfindungen irritiert, wie zum Beispiel Angst oder sogar Panik, Wut oder Traurigkeit, sodass ich gefühlsmäßig sehr angespannt bin? Was sind die Gründe dafür?

❖ Was geht gedanklich in meinem Kopf vor, wie ist meine innere Haltung dazu und warum ist das so? Bin ich unentschlossen oder unklar? Kreisen vielleicht Gedanken an Misserfolg und negative Leitsätze in meinem Gehirn?

❖ Oder liegt es an den ungünstigen äußeren Bedingungen, die mich unter Stress setzen? Ist zum Beispiel der Zeitrahmen viel zu knapp oder sind die räumlichen Voraussetzungen ungünstig, wie Lärm oder Anforderungen von außen, die störend wirken?

Wenn Sie sich darin üben, bei allem, was Ihnen Stress macht, sofort diese Fragen zu stellen, wird es Ihnen immer selbstverständlicher, sich selbst von außen zu betrachten, beziehungsweise über sich selbst zu reflektieren. Und das ist notwendig, wenn Sie selbstbestimmt handeln wollen. Lassen Sie sich nicht entmutigen, wenn Ihnen dieses bewusste Umgehen mit sich selbst nicht immer gleich gelingt. Es ist ähnlich wie beim Auto fahren lernen. Es dauert eine Weile, bis sich neue Gewohnheiten automatisieren.

Kommen Sie sich mit kriminalistischem Scharfsinn auf die Schliche, indem Sie Ihren Ist-Zustand möglichst genau identifizieren. Denn es ist schon ein großer Unterschied, ob Sie sich miserabel fühlen, weil Sie schon seit fünf Stunden nichts mehr gegessen oder getrunken haben, oder weil Sie sich gerade ›mit Genuss‹ in einem sorgenvollen Gedankenkarussell drehen, aus dem Sie nicht wieder herausfinden. Im ersten Fall wäre es Zeit, etwas zu sich zu nehmen, im zweiten Fall höchste Zeit, mit dem Grübeln aufzuhören. Denn Probleme lösen kann man mit Grübeln nicht.

Entscheidend ist, möglichst schnell wieder einen klaren Kopf zu bekommen, um nicht in der Schreckstarre eines Kaninchens kurz vor der Flucht festzufrieren. Zur Orientierung dient das nebenstehende Schema zur Stress-Diagnose.

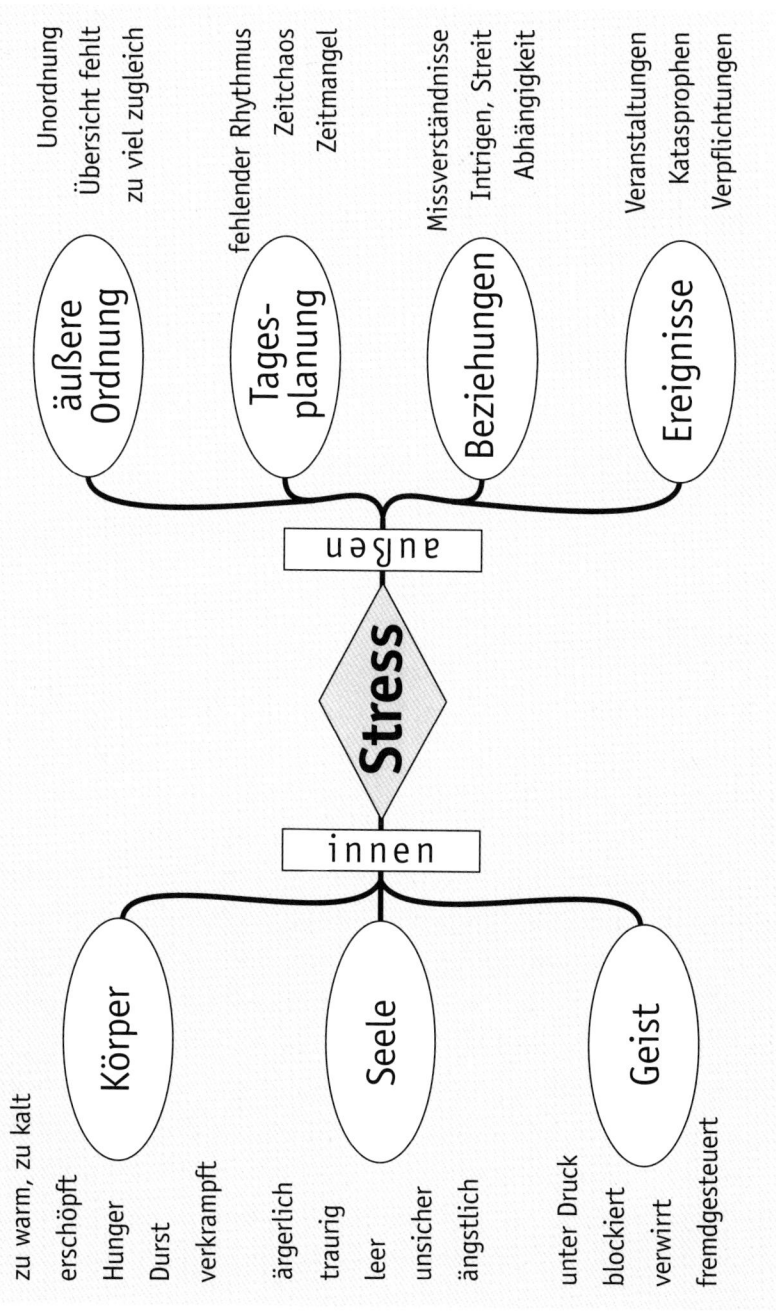

äußere Ordnung
- Unordnung
- Übersicht fehlt
- zu viel zugleich

Tages-planung
- fehlender Rhythmus
- Zeitchaos
- Zeitmangel

Beziehungen
- Missverständnisse
- Intrigen, Streit
- Abhängigkeit

Ereignisse
- Veranstaltungen
- Katasprophen
- Verpflichtungen

außen

Stress

innen

Körper
- zu warm, zu kalt
- erschöpft
- Hunger
- Durst
- verkrampft

Seele
- ärgerlich
- traurig
- leer
- unsicher
- ängstlich

Geist
- unter Druck
- blockiert
- verwirrt
- fremdgesteuert

Sie müssen die Ursachen möglichst genau herausbekommen, damit Sie etwas dagegen tun können. Wer sollte es sonst tun? Denn kein anderer kann

❖ *für Sie* essen oder trinken;
❖ genau *Ihre* Gedanken lesen;
❖ *Ihr* Gefühlschaos wegzaubern.

Auch wenn die Ursache in Ihrem momentanen Umfeld liegt, wenn Sie für sich Sorge tragen und Verantwortung übernehmen, können Sie Ihre Rahmenbedingungen zumindest etwas verbessern. Ihr Stress wird weniger. Und dafür können nur Sie selbst sorgen. Denn kein anderer kann

❖ *Ihren* Schreibtisch aufräumen.
❖ *Ihren* Tagesrhythmus verbessern.
❖ *Ihre* Termine koordinieren.

Natürlich kommt es vor, dass Ihnen verschiedene Umstände Stress verursachen. Machen Sie es nicht zu kompliziert, und versuchen Sie, die naheliegendste Ursache herauszubekommen, denn dann sind Sie wieder handlungsfähig.

Liegt die Ursache in Ihnen selbst, das heißt in Ihrem Körper, in Ihrem gefühlsmäßigen Erleben oder auf der gedanklichen Ebene, dann können Sie entsprechend darauf eingehen. Es gibt vielleicht nicht gleich die Patentlösung, aber zumindest auf der Ebene eines positiven Selbstgesprächs kann die Sache geklärt werden. Und das nützt schon eine ganze Menge. Sie werden im Kapitel über langfristige Maßnahmen gegen Stress dazu viele Ideen finden und die Zusammenhänge noch besser verstehen.

Dabei ist es völlig gleichgültig, ob Sie sich erst um Ihr inneres Gleichgewicht kümmern oder erst für eine bessere äußere Struktur sorgen. Der Effekt auf die Situation, in der Sie sich gerade befinden, ist immer positiv.

So pflegte mein Vater früher gern zu sagen: »So, wie es zur Zeit in deiner Schultasche aussieht, so sieht es auch in deinem Kopf aus«, was mich besonders ärgerte, weil er in diesem Punkt leider Recht hatte.

Sie werden vielleicht einwenden: »Ja, aber die Ursache für meinen Stress ist mein Chef und die ganze Arbeitssituation. Und daran kann ich nichts ändern.« Das mag vordergründig stimmen, aber aus meiner Erfahrung mit Stress-Seminaren in Industriebetrieben stellt es sich anders dar. Der größte Stress entsteht immer durch den eigenen inneren Antreiber, den schlechten Umgang mit sich selbst und ein im Verhältnis zur Arbeitsbelastung miserables Selbstmanagement. Das heißt, eine negative Einstellung zu sich selbst und zu dem, was man tut, eine schlechte Fürsorge für sich selbst, zu viel Alkohol, Zigaretten, Fernsehen als Beruhigungsmittel, kein regelmäßiges Essen und Trinken, schlechte Körperpflege. Das Schlimmste ist jedoch, sich selbst seelisch verhungern zu lassen. Selbstverständlich gibt es unhaltbare Zustände am Arbeitsplatz, von Mobbing bis zu schlechter Bezahlung. Da gilt es, sich um Unterstützung von außen zu kümmern oder Informationen einzuholen. Ich spreche hier aber eher von Bedingungen, die durch uns selbst beeinflussbar sind und durch Veränderungen an uns selbst verbessert werden können.

Der größte Stress entsteht immer durch den eigenen inneren Antreiber

Bei dem technischen Mitarbeiter einer Dienstleistungsfirma war dies ganz extrem. Er hatte zugegebenermaßen wirklich viel zu erledigen. Aber das Schlimmste war, dass er fast nicht mehr klar denken konnte, weil er gegenüber seiner Firma eine Menge negativer Gefühle aufgestaut hatte. Wenn er bei einem Kunden zur Tür hereinkam, verbreitete er weithin seine gespannte Stimmung und wunderte sich dann, dass er den ganzen Ärger der Kunden auf sich zog. Als er lernte, liebevolle Selbstgespräche zu führen, hörte der Stress auf.

Bedürfnisse definieren

Nachdem Sie definiert haben, auf welcher Ebene Sie am meisten Stress haben, fragen Sie sich selbst, was Sie brauchen oder was Körper, Geist und Seele für Bedürfnisse haben. Später wird dann zu klären sein, wie diese Bedürfnisse befriedigt werden können.

> Der innere Dialog kann wie ein Gespräch zwischen Mutter (oder Vater) und Kind ablaufen, wobei die Mutter verstehend, liebevoll, aber auch richtunggebend zur Seite steht.

Ich hatte einmal eine Patientin mit hochgradigen Stress-Krankheiten wie Ohrgeräuschen, chronischen Entzündungen der Bauchspeicheldrüse und hohem Blutdruck. Auf die Frage, wie sie als Kind gewesen sei, bezeichnete sie sich selbst als eine verzogene Göre, die von der Mutter alles bekam. Der Preis war hoch. Sie war nicht gewohnt, einmal auf ihren Willen zu verzichten, das heißt, wenn etwas nicht so lief, wie sie es wollte, geriet sie sofort in heftigen Stress, begleitet von ungebremsten Wutattacken, die ihr auf die Dauer die Galle zum Überlaufen brachten und die Bauchspeicheldrüse schon sehr geschädigt hatten. Für sie war es lebensrettend, eine liebevolle, aber auch Struktur gebende Mutterfigur in sich selbst zu installieren.

Den mütterlichen Part übernimmt dabei unser höheres Selbst oder unser Erwachsenen-Ich. Das Kind-Ich fühlt sich dadurch angenommen und sicher. Zum Beispiel könnte das Gespräch folgendermaßen ablaufen: »Okay, die Situation ist wirklich zu dumm. Das ist richtig zum Angst kriegen (Gefühle ernst nehmen und akzeptieren). Aber lass uns mal in Ruhe überlegen, wie wir die Sache durchstehen können. Irgendwas wird uns schon einfallen (Prinzip Hoffnung und Zuversicht). Was brauchst du denn, damit es dir besser geht (Bedürfnisse definieren)?«

Den mütterlichen Part übernimmt unser höheres Selbst

Meine Erfahrung ist, dass uns immer spontan etwas einfällt, und wenn es nur eine Kleinigkeit ist.

Liegt die Ursache in Ihrer äußeren Struktur, da Sie sich zum Beispiel in Ihrem eigenen Terminchaos verfangen haben (alles schon erlebt!), dann heißt es: »Retten, was zu retten ist, und wenn nichts mehr zu retten ist, tief im Inneren loslassen.« Oft geschehen dann erstaunliche Dinge. Vielleicht werden Sie die Erkenntnis gewinnen, dass Sie Ihre Tage grundsätzlich ganz anders planen sollten, um sich entspannter zu fühlen.

Oft wird unterschätzt, welche Bedeutung das körperliche Wohlbefinden haben kann.

Der Körper hat zum Beispiel das Bedürfnis nach: Essen, Trinken, Temperaturausgleich, Schlaf, Ruhe, Bewegung, frischer Luft, Sicherheit, Zuwendung, Berührung, Bestätigung, Entspannung.

Stellen Sie sich vor, Sie haben Besuch von Verwandten und sitzen nach ausgiebiger Kuchenschlacht müde am Tisch. Wie bei Verwandten nicht ganz unüblich, kommen Gespräche auf, die viel Anlass zu Spannungen geben, und allmählich steigt der Stress-Pegel. Anstatt am Stuhl kleben zu bleiben, wäre jetzt eine Aktion wie zum Beispiel ein Spaziergang an der frischen Luft günstiger und auch der Verdauung zuträglicher. Das Gespräch ließe sich dann viel leichter auf das Wetter und die Natur lenken. Das würde die Gemüter wieder abkühlen. Alle würden sich entspannter fühlen, und schwierige Themen ließen sich dann besser besprechen.

Bedürfnisse der Seele sind beispielsweise: Annahme und Verständnis, Sicherheit und Gelassenheit, Ruhe und Entspannung.

Die Seele, die sich in unserem Empfinden und Erleben äußert, hat die gleichen Bedürfnisse wie ein kleiner trotziger Junge, der nicht versteht, warum nicht alles so gehen kann, wie er es gern möchte. Die bedingungslose Akzeptanz dieser Gefühle, auch wenn sie einem nicht gefallen, ist hier – wie bei Schritt eins beschrieben – eine Grundvoraussetzung für größere Gelassenheit. Ein verständnisvolles Selbstgespräch wirkt unterstützend.

Es gibt sicher unzählige Techniken, um gelassener zu werden. Techniken nutzen nach meiner Erfahrung aber nur insoweit, wie sich jemand dafür gefühlsmäßig öffnen kann, denn Gelassenheit kann man nur zulassen.

Eine Patientin hatte als Lehrerin großen Stress mit der gesamten Schulsituation, angefangen bei den zum Teil schwierigen Kindern, bis zur Lautstärke auf den Fluren, messbar in Dezibel. Alles reine Tatsachen, an denen erst einmal wenig zu ändern war. Eine Kollegin machte ihr den weisen Vorschlag: »Geh doch mit der Einstellung in die Schule: Ich mach mir heute morgen einen schönen Schulvormittag!« Dieser Vorschlag war für die Patientin unmöglich. Stattdessen ging sie jeden Morgen mit geharnischten Gefühlen zu ihrer Arbeit und ärgerte sich über jede Kleinigkeit.

Wenn jemand in einer solchen Situation ist, gibt es eigentlich nur drei Möglichkeiten, nämlich entweder sofort zu kündigen, sich im wahrsten Sinne tot zu ärgern oder die eigene Einstellung zu ändern. Als der Patientin dies nach vielen Ja-Aber klar wurde, konnte sie zähneknirschend, aber mit einem inneren Schmunzeln einsehen, dass die dritte Möglichkeit zumindest einen Versuch wert sei. Eine Technik zur Entspannung hätte ihr nichts genützt. Sie kannte eine Menge Techniken, wendete sie aber aus innerem Widerstand nicht an. Erst die Bereitschaft, anders mit den eigenen Emotionen umzugehen, öffnete sie dafür.

Wenn Sie bereit sind, sich selbst liebevoll ›in den Arm zu nehmen‹, dann gehen Sie aus einem seelisch genährten Zustand auf die Herausforderungen der Welt zu und die Arbeit geht lockerer von der Hand. Dies ist gerade auch für Männer wichtig, die eher das Durchhalteprinzip vertreten. Sie werden nach getaner Arbeit in einer viel besseren Stimmung sein und den Verführungen durch Fernsehen oder Alkohol viel weniger unterliegen.

Das Prinzip ist, nicht gegen die Tatsachen anzugehen, sondern sie sich klar zu machen und sich nicht zu verhärten. Eine nicht ganz leichte Übung, die in meinen Stress-Seminaren ganz praktisch erlebt werden muss, damit der Groschen fällt, denn der erste Impuls ist immer verkrampfen, Kiefer zusammenpressen, wütend werden, Atem anhalten und durchhalten. Es geht darum, genau das zu vermeiden, denn es geht auch anders.

> Bedürfnisse des Geistes sind: die Situation verstehen, klare innere und äußere Strukturen schaffen, überschaubare Ziele stecken, für Erfolgserlebnisse und Bestätigung sorgen.

Es ist ganz wichtig, zu verstehen was gerade ist, und für klare innere und äußere Rahmenbedingungen sorgen, damit Sie das, was getan werden muss, auch schaffen können. Stress entsteht nämlich immer dann, wenn Sie gegen sich selbst kämpfen, auf zwei Hochzeiten tanzen oder der zeitliche und örtliche Rahmen nicht stimmt. Sie wollen zum Beispiel mit Ihrer Tochter Schuhe kaufen, aber eigentlich müssen Sie auch unbedingt noch einige Bankgeschäfte erledigen. Wenn Sie den Zeitrahmen und Ihren Kopf klar haben, geht vielleicht beides. Aber wenn Sie zu lange gequält hin und her überlegen, ist die Gelegenheit verpasst. Und wenn Sie dann noch mehr Zeit damit verbringen, sich zu ärgern, ist der Nachmittag vorbei und Sie haben weder das eine noch

das andere erledigt. Der Geist braucht Erfolgserlebnisse und seien sie noch so klein.

An manchen Tagen, an denen Ihnen vielleicht einfach alles daneben geht, klopfen Sie sich auf die Schulter, dass Sie die Krümel von Ihrem Küchentisch weggewischt und drei unnütze Blätter von Ihrem Schreibtisch weggeworfen haben. Freuen sie sich, dass Sie ein lange aufgeschobenes Telefonat erledigt und einen vermissten Socken wiedergefunden haben. Das motiviert.

Sie bekommen umso mehr Erfolgserlebnisse und Motivation, je klarer Ihre innere Haltung und Ihre äußere Struktur sind. Dies wird im nächsten Kapitel noch detaillierter dargestellt.

Zusammenfassung

Der zweite Schritt analysiert und klärt genau die Lage, in der Sie sich gerade befinden. Indem Sie sich ganz genau die Befindlichkeit von Körper, Geist und Seele anschauen, wird Ihnen in etwa klar, was mit Ihnen los ist und was für Bedürfnisse Sie haben. Was daraus folgt, interessiert zunächst noch nicht, denn zunächst geht es nur um den Ist-Zustand und darum, ihn ohne Bewertung zu klären.

Es geht nicht darum,
Leiden zu vermeiden,
sondern zu lernen,
anders mit Leid umzugehen
und sein Wesen zu begreifen.

Dr. Daya Mullins

Dritter Schritt: Lösungsorientiert handeln ③

Der normale Impuls ist, sich zu sehr damit zu beschäftigen, was alles schief läuft, und mit der Bewertung, wie schlimm das doch alles ist. Dadurch binden wir uns an das, was wir angeblich vermeiden wollen. Machen Sie es anders. Richten Sie Ihre Aufmerksamkeit auf das, was Sie bei der Stress-Diagnose als Ihr größtes Problem erkannt haben. Bleiben Sie bei dem, was konkret im Körper, in Ihren Gefühlen und Ihrem Denken vor sich geht. Dann behalten Sie die Gesamtsituation im Blick.

Was kann ich jetzt tun, damit es mir besser geht?

Wesentlich sind dafür vor allem vier einfache Prinzipien:

- ❖ Bedürfnisse befriedigen
- ❖ Energie tanken
- ❖ das Wichtigste zuerst
- ❖ Schritt für Schritt

Bedürfnisse befriedigen

Ich möchte hier eine Auswahl an Vorschlägen machen, die zumindest auf der Gefühlsebene entlastend wirken:

- ❖ sich annehmen: »Okay, es ist so.«
- ❖ sich trösten: »Ist nun mal so, aber irgendwie werde ich das schon hinkriegen.«
- ❖ sich ermutigen: »Du schaffst es schon.«
- ❖ sich verstehen: »Ja, das kann ich wirklich gut verstehen.«

❖ sich lieben: »Ich lehne dich deshalb nicht ab, sondern mag dich trotzdem.«

❖ für sich sorgen: »Ich koche dir erst einmal einen Tee.«

❖ zu sich stehen: »Du bist auch nur ein Mensch, das kann halt passieren.«

Dieser mitfühlende Zuspruch, den wir uns selbst geben, bewirkt einen ruhigeren Atem, sodass sich der ganze Körper etwas entspannen kann und Sie wieder in der Lage sind, klarer zu denken.

> Aushalten, dass es so ist, wie es ist.
> Nichts tun.
> Sich entspannen.
> Kein Drama daraus machen.
> Sich trösten: Es geht vorüber.
> Kommt Zeit, kommt Rat.

Im einfachsten Fall kann dies zum Beispiel wie folgt ablaufen.

Problem: Die Zeit wird zu knapp für das, was erledigt werden muss.

❖ Ich spüre es als körperlichen Druck.
❖ Ich denke, ich schaffe es nie.
❖ Ich bekomme Angst, zu versagen.

Lösungsstrategie: Sie fragen sich, was Sie *jetzt* für sich tun können.

Sie nehmen die Situation an, wie sie ist. Sie können wenigstens etwas für sich tun, zum Beispiel den Körper lockern, sich etwas entspannen und sich dazu ermutigen, eine Lösung zu finden, zum Beispiel das Pensum zu reduzieren oder die Sache zu vereinfachen. Vielleicht lässt sich ein Kompromiss finden oder vielleicht sogar etwas delegieren.

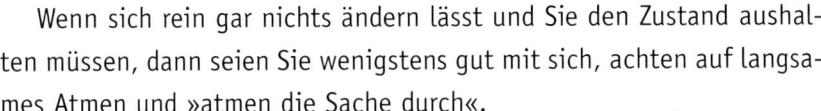

Wenn sich rein gar nichts ändern lässt und Sie den Zustand aushalten müssen, dann seien Sie wenigstens gut mit sich, achten auf langsames Atmen und »atmen die Sache durch«.

Jedoch nicht alle Stress-Momente sind so einfach zu bewältigen. Je schwieriger es wird, desto einfacher sollten Sie es sich machen. Denn Sie werden zugeben, dass Sie den Stress, den es Ihnen macht, wenn Ihr Sohn gerade Schwierigkeiten in der Schule hat, nicht an einem Tag wegzaubern können. Was können Sie heute tun? Sie können einen Termin mit dem Lehrer oder einen Termin mit Ihrem Sohn ausmachen, um das Problem in Ruhe zu besprechen. Daraus werden sich dann weitere Schritte ergeben.

Energie tanken

Wie Sami Molcho, der bekannte Experte der Körpersprache sagt, muss man sich »körperlich etwas aktivieren«, wenn man auf ein Ziel zusteuert. Es ist so ähnlich wie das Ausholen beim Werfen oder das tiefe Luftholen, wenn man eine Rede halten möchte. Wenn Sie lässig im Sofa sitzen bleiben, geschieht nichts Entscheidendes. Einen kleinen Ruck müssen Sie sich manchmal schon geben. Aber auch eine große Reise beginnt mit dem ersten Schritt. Und dann:

Das Wichtigste zuerst

Setzen Sie bei allem, was Sie tun, Prioritäten. Entscheiden Sie sich immer nur für das Wichtigste. Fragen Sie sich: »Und was ist jetzt das Wichtigste?« So teilen Sie große Probleme in kleine Schritte auf. Wenn der Körper das größte Problem hat, ist der Körper das Wichtigste. Wenn die Gefühle oder die Gedanken heftig sind, dann sind die Gefühle oder das Denken das Wichtigste. Wenn eine bestimmte Handlung Stress macht, dann ist der erste Schritt zu dieser konkreten Handlung das Wichtigste.

Das Prinzip scheint ganz einfach, aber wie oft kommt es vor, dass Sie gleichzeitig einen Brief schreiben, nach draußen gehen wollen, weil das Wetter so schön ist, und sich eine Sendung im Fernsehen anschauen möchten und sich mächtig ärgern. In diesem Falle können Sie relativ schnell einen Kompromiss finden, indem Sie die Sendung aufnehmen, nur einen kurzen Gang nach draußen machen und noch Zeit für den Brief haben. Vor allem aber hören Sie auf, sich zu ärgern.

Lösungen sind immer einfach. Wenn eine Lösung schwierig ist, dann stimmt daran etwas noch nicht. Man spürt regelrecht körperlich, seelisch und auch geistig, ob eine Lösung stimmt: ein erleichterter Atemzug, ein wohliges Zurücklehnen und die Tatsache, dass Ihr Kopf wieder frei wird. Frei, um sich mit etwas anderem zu beschäftigen.

Das größte Problem ist immer, dass Sie die Ziele, die Sie ansteuern, in zu großen Brocken auf sich nehmen. Sie können dann nicht überschauen, ob die Unternehmung auch von Erfolg gekrönt ist und ob die Sache nicht in erheblichen Terminstress oder eine Selbstüberforderung ausartet. Besser sind kleine Häppchen und das Prinzip, sich realistische Ziele zu setzen.

Innerlich zurücktreten und loslassen

Wenn Sie sich also dabei erwischen, wie Sie sich mit einer Entscheidung schwer tun und in Stress geraten, erinnern Sie sich daran, sofort innerlich zurückzutreten und loszulassen. Der inzwischen schon weithin bekannte Spruch von J. Ch. Oetinger ist hierbei hilfreich.

Gott gebe mir die Gelassenheit,
die Dinge anzunehmen, die ich nicht ändern kann,
den Mut, die Dinge zu ändern, die ich ändern kann,
und die Weisheit, das eine vom anderen zu unterscheiden.

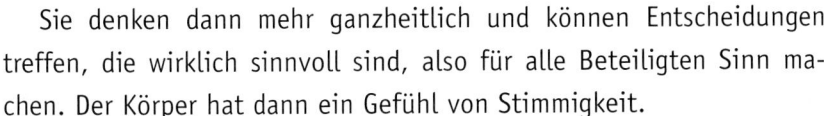

Sie denken dann mehr ganzheitlich und können Entscheidungen treffen, die wirklich sinnvoll sind, also für alle Beteiligten Sinn machen. Der Körper hat dann ein Gefühl von Stimmigkeit.

Wenn Ihnen das schwer fällt, probieren Sie es anders. Stellen Sie sich vor, Sie wären zwanzig, dreißig Jahre älter und würden rückwirkend Ihre ›damals‹ getroffene Entscheidung betrachten. Oder Sie sind bereits gestorben und schauen von Wolke Siebzehn herunter auf das, was gerade geschieht.

Erinnert sei auch an die Magischer-Helfer-Taktik.

Die Walnuss-Taktik

Die Walnuss-Taktik entspricht der Magischer-Helfer-Taktik auf der Handlungsebene. Sie haben entweder real oder in der Phantasie in der geschlossenen linken Hand eine Walnuss, um eine doppelte Wahrnehmung zu haben, die Gedanken im Kopf und das Gefühl in der Hand. Damit nutzen Sie Ihr Gehirn rechts- und linkshemisphärisch. Die Walnuss erinnert Sie auch in ihrer Form an Ihr ganzheitliches Gehirn, und Sie können besser handeln. (Kinder nutzen zum Beispiel ihr Kuscheltier in ähnlicher Weise.)

Vor vielen Jahren gab mir ein Freund vor einer langen aufregenden Reise eine Walnuss mit den Worten in die Hand: »Nimm sie in die Hand, wenn du unsicher bist, sie wird dir helfen.« Das Ganze war natürlich nicht ganz ernst gemeint, doch war es ein guter ›Anker‹, wie man heute aus der Hypnotherapie weiß. Jedes Mal, wenn mir mulmig wurde, dachte ich an meine Walnuss und natürlich auch an die guten Wünsche, die damit verbunden waren. Das tat gut! Erst viel später wurde mir der Nutzen dieses Tipps verständlich.

Ein stressiger Tag

Es war ein Tag, an dem sie sich so gestresst fühlte, dass sie alles gleichzeitig machen wollte und ihr alles daneben ging. Vom vergessenen Zahnarzttermin über verlegte Schlüssel bis zum Zerbrechen ihrer Lieblingsteekanne. Es ging nichts mehr. Sie zog sich in der Mittagszeit einen Augenblick zurück, um sich mehr schlecht als recht zu entspannen. Als sie später missgelaunt aus ihrer Tür trat, fand sie einen Zettel mit einem englischen Witz vor, den ihr Mann ihr hingelegt hatte. Obwohl ihr nicht zum Lachen war, musste sie unter Tränen laut losprusten und konnte kaum mehr aufhören. Innerhalb von einer Minute hatte sich ihr festgefahrener Gehirnsalat in sprühende Lebensfreude mit neuen Ideen verwandelt. Nur durch einen gelungenen Witz, durch den sie sich im Zerrspiegel sah.

Der Witz

Three older ladies were discussing the troubles of getting older. One said, »Sometimes I catch myself in front of the refrigerator with a jar of mayonnaise in my hand and can't remember whether I want to put it away or start making a sandwich.«

The second lady chimed in, »Yes, sometimes I find myself on the landing of the stairs and I can't remember whether I was on my way up or my way down.«

The third one said, »Well, I'm glad I don't have that problem; knock on wood«, as she rapped her knuckles on the table, and then said, »That must be the door, I'll get it!«

Treten sie innerlich einen Schritt zurück. Stellen Sie sich zum Beispiel bildlich vor, Sie stünden mit dem Kopf vor einer Wand und suchten krampfhaft die Tür. Sie sehen aber keine Tür, nur Wand. Erst wenn Sie einen Schritt zurücktreten, nehmen Sie die Tür wahr, durch die Sie gehen können. Sie müssen also nicht mit dem Kopf durch die Wand!

Ein bekannter Tipp für Musiker ist zum Beispiel, anstatt krampfhaft immer wieder eine schwierige Passage zu versuchen, interessiert die Finger zu beobachten, wo und wie sie immer wieder hängen bleiben. Meist ist das Problem auf diese Weise schnell überwunden. Indem Sie sich selbst auf die Schliche kommen, ist wieder ein Lernschritt getan.

Nicht zu vergessen ist jedoch der Humor, mit dem sich oft völlig verfahrene Situationen auf die Ebene der Komik heben lassen. Eine Frau erzählte mir dazu die nebenstehende Episode.

Es gibt aber auch die andere Situation, dass Sie noch gar nicht wissen, was für eine Haltung Sie zu einer Sache einnehmen sollen. Hier ist Emotionslosigkeit und aufmerksame Objektivität gefragt. Es ist eine Tatsache, dass Sie es noch nicht wissen. Sie können und dürfen entscheiden, dass Sie sich noch nicht entscheiden möchten, da Sie es noch nicht können.

Der größte Irrtum besteht nämlich darin, dass wir meinen, uns immer sofort entscheiden zu müssen. Da fragt Sie jemand beiläufig, gedankenlos oder routinemäßig: »Wie geht es Ihnen?«, und sie packen Ihr ganzes Inneres aus, erklären, rechtfertigen sich, warum und wieso es Ihnen zur Zeit so oder so geht – und verbringen anschließend noch viel Zeit damit, sich zu ärgern, dass Sie Dinge gesagt haben, die gar niemanden etwas angehen. So etwas geschieht nur durch zu schnelles Reagieren. Wer hat Ihnen verboten, kurz zu überlegen, was, ob und wie Sie antworten wollen? Oder sogar zu sagen: »Dazu kann ich jetzt nicht viel sagen«, und das Thema zu wechseln.

Der größte Irrtum ist, wir müssten immer sofort entscheiden

Eine andere Situation. Die Kinder kommen aus der Schule und erzählen mit einem Schwall, ohne sich zu vergewissern, ob Sie gerade ein offenes Ohr für sie haben. Sie hören nur halb hin, weil Sie gerade eine Schriftsache zu Ende bringen oder auch nur etwas zu Ende denken wollen. Jeder ärgert sich. Der eine, weil er keine Beachtung findet, der andere, weil er in seinem Arbeitsvorgang gestört wird.

Umgang mit Schrecksekunden

❖ Zählen Sie: einundzwanzig, zweiundzwanzig...

❖ Atmen Sie einmal tief ein- und aus und sehen Ihr Gegenüber dabei freundlich an.

❖ Sagen Sie: »Ach, einen kleinen Moment bitte.«

❖ Oder: »Sekunde, da muss ich kurz nachdenken.«

❖ Manche neugierigen Fragen beantwortet man am besten gar nicht oder mit einer Gegenfrage.

Aus meinen Erfahrungen in der Notfallmedizin weiß ich: Wir haben alle Zeit der Welt. Sogar bei den meisten Notfällen ist eine Minute Besonnenheit besser als jede überstürzte Reaktion. Dadurch gewöhnen Sie sich daran, Ihren Rhythmus zu verlangsamen. Und das spart Zeit durch zielgerichteteres Handeln. Außerdem sind Körper, Geist und Seele miteinander in Kontakt und arbeiten als ein unschlagbares Team.

Eine weitere Empfehlung für Ihr Vorgehen ist das Prinzip:

Schritt für Schritt

Dieses Prinzip hat viel mit der besonders im Zen gepflegten Haltung von Achtsamkeit gemeinsam, über die ich später noch berichten werde.

Aus meiner Jugend kommen mir zu diesem Thema immer Erinnerungen an meine erste Hochtour mit Skiern in den Alpen, einen achtstündigen Aufstieg mit Fellen zu einer Berghütte. So unerfahren wie ich war, kam mir der langsame gleichmäßig-rhythmische Schritt der alten Berghasen viel zu langsam und langweilig vor. Ich ging mal schnell, mal langsam und sang vor mich hin. Irgendwann konnte ich nicht mehr. Ich machte viele Pausen.

Alle waren schon oben und warteten auf mich. Die Dämmerung brach herein und ich bekam Angst, das letzte Steilstück nicht zu schaffen. Schließlich kam mir einer der Älteren entgegen und nahm mir meinen viel zu schweren Rucksack ab. Wortlos. Ich bin später bei solchen oder anderen Unternehmungen nie wieder aus dem allgemeinen Tritt gekommen und habe peinlich genau auf meine körperlichen Reserven geachtet.

Ein wunderbares Beispiel für das Vorgehen Schritt für Schritt findet man in Michael Endes Buch »Momo«. In der folgenden Textstelle kommt Beppo Straßenkehrer zu Wort.

Beppo liebte diese Stunden vor Tagesanbruch, wenn die Stadt noch schlief. Und er tat seine Arbeit gründlich. Er wusste, es war eine sehr notwendige Arbeit.

Wenn er so die Straßen kehrte, tat er es langsam, aber stetig: Bei jedem Schritt einen Atemzug und bei jedem Atemzug einen Besenstrich. Schritt – Atemzug – Besenstrich. Schritt – Atemzug – Besenstrich. Schritt – Atemzug – Besenstrich...

Während er sich so dahinbewegte, vor sich die schmutzige Straße, hinter sich die saubere, kamen ihm oft große Gedanken. Nach der Arbeit,

wenn er bei Momo saß, erklärte er ihr seine großen Gedanken. Und da sie auf ihre besondere Art zuhörte, löste sich seine Zunge, und er fand die richtigen Worte.

»Siehst du, Momo«, sagte er dann zum Beispiel, »es ist so: Manchmal hat man eine sehr lange Straße vor sich. Man denkt, die ist so schrecklich lang; das kann man niemals schaffen, denkt man.«

»Und dann fängt man an, sich zu eilen. Und man eilt sich immer mehr. Jedes Mal, wenn man aufblickt, sieht man, dass es gar nicht weniger wird, was noch vor einem liegt. Und man strengt sich noch mehr an, man kriegt es mit der Angst, und zum Schluss ist man ganz außer Puste und kann nicht mehr. Und die Straße liegt immer noch vor einem. So darf man es nicht machen.«

»... Man darf nie an die ganze Straße auf einmal denken, verstehst du? Man muss nur an den nächsten Schritt denken, an den nächsten Atemzug, an den nächsten Besenstrich. Und immer wieder nur an den nächsten.«

Wieder hielt er inne und überlegte, ehe er hinzufügte: »Dann macht man seine Sache gut. Und so soll es sein.«

Und abermals nach einer langen Pause fuhr er fort: »Auf einmal merkt man, dass man Schritt für Schritt die ganze Straße gemacht hat. Man hat gar nicht gemerkt wie, und man ist nicht außer Puste.« Er nickte vor sich hin und sagte abschließend: »Das ist wichtig.«

Zusammenfassung

Im dritten Schritt finden Sie für sich eine einfache und realitäts-taugliche Handhabung für den Ist-Zustand. Sie schauen nicht nach Ursachen sondern nach Lösungen.

Stress, bei dem es kein Entkommen gibt

Stellen Sie sich vor, Sie sitzen in einer Besprechung, die sich immer länger hinzieht. Sie haben noch eine wichtige Präsentation vor sich und Sie merken, wie der Stress-Pegel steigt. Sie haben die Nacht kaum geschlafen und sind völlig erschöpft. Zu allem Überfluss haben Sie zu Hause einige Unterlagen vergessen, die Sie jetzt dringend benötigen. Was tun?

Schritt 1: Innehalten, wahrnehmen, annehmen

Sie nehmen wahr, was ist, und hören augenblicklich auf, darüber nachzudenken, sondern gehen in Ihren Körper. Wie sitze ich? Wie atme ich? Kiefer locker! Sie strecken sich unauffällig und gehen mittels Kontaktübung in Ihr Körpergefühl. Sie lassen völlig los und akzeptieren das, was ist.

> Statt angesichts der miserablen Tatsachen in Panik zu verfallen, nehmen Sie sich in dieser Situation völlig an, eventuell mit Hilfe des magischen Helfers oder der Walnuss-Taktik. Sagen Sie sich: Es ist so!

Schritt 2: Diagnose stellen, Bedürfnisse definieren

Es gilt hier, in Sekundenschnelle das Problem einzukreisen und die Diagnose zu stellen. Das Problem ist in diesem Beispiel, dass Sie sowohl körperlich müde und energielos sind, als auch gefühlsmäßig ins Rotieren kommen. Noch dazu peinigt Sie der Gedanke: »Wenn ich das schlecht mache, werde ich entlassen.« Sie machen sich also auch noch selbst fertig. Außerdem ist der äußere Rahmen nicht gerade dazu angetan, zuversichtlich zu sein. Die Zeit rennt davon und Sie haben keine Chance, irgendetwas zu bewegen.

Was sind Ihre Bedürfnisse? Was brauchen Sie jetzt?

Was Sie hier am dringendsten brauchen, ist etwas mehr Energie und innere Sicherheit, die dafür sorgen, dass Sie wieder klare Gedanken fassen können. Indem Sie sich – so gut es geht – entspannen, hören Sie auf, im Tunnelblick, also eingleisig zu denken. Sobald Sie wieder an Ihre Intuition angeschlossen sind, bekommen Sie Ihr Urvertrauen wieder.

Ich bin bei Patienten, die sich manchmal in sehr verfahrenen Situationen befinden, immer erstaunt, auf was für kreative Lösungen sie kommen. Sie haben bestimmt selbst schon oft die Erfahrung gemacht, die in der einfachen Volksweisheit Ausdruck findet: »Wenn du meinst, es geht nicht mehr, kommt von irgendwo ein Lichtlein her.«

> Deshalb gehen Sie immer davon aus, dass Ihnen von irgendwoher Kraft zufließen wird. Irgendwie wird es gehen. »Mir wird etwas einfallen.«

Schritt 3: Lösungsorientiert handeln

Sie stellen fest, dass die Sache zu schaffen ist, und Sie geben sich das, was Sie brauchen. Zum Beispiel könnten Sie ein Glas Wasser trinken oder eine Tasse Kaffee, etwas Luft holen, den Körper aufrichten. Sie reden sich gut zu, indem Sie Ihre schlimmsten Befürchtungen relativieren: »Na und, wenn die mich entlassen, werde ich trotzdem nicht verhungern.« Oder indem Sie sich per Vernunft darüber klar werden, dass Sie nur ein Mensch sind und andere auch schon mal was vergessen haben. Also geben Sie sich selbst die Unterstützung, die Sie brauchen. Das heißt, Sie stehen zu sich und vertreten es ganz offensiv: »Folgende Unterlagen werde ich noch nachreichen, die habe ich leider heute nicht in meiner Mappe.«

> Ich mache es, so gut ich kann, den Rest lasse ich los.

Wie Sie vielleicht selbst schon oft erlebt haben, ist die Realität freundlicher, als Ihre Vorstellung davon. Denken Sie daran, »dem Affen nicht noch Zucker zu geben«, das heißt, die Panik nicht noch zu vergrößern, sondern sich selbst in einem positiven Selbstgespräch zu unterstützen. Denn so, wie Sie mit sich umgehen, so geht man mit Ihnen um.

Ich möchte das Kapitel über Sofortstrategien und praktisches Stress-Management mit der folgenden Empfehlung schließen:

Sofort anfangen und nie aufhören.
Der eigenen Intuition folgen, im Heute leben.

❖ Ich bleibe mit den Füßen auf dem Boden der Realität und lebe und handle immer im Jetzt.

❖ Der Weg ist das Ziel. Ich lebe in Frieden mit dem Problem, das ich jetzt noch nicht perfekt lösen kann, und kümmere mich um das, was gerade dran ist.

❖ Ich kann immer eine Kleinigkeit für mich tun. Ich gebe mir Anerkennung für jeden kleinen Fortschritt.

❖ Ich schaue konsequent vorwärts und wenn ich falle, stehe ich wieder auf.

❖ Misserfolge und Rückfälle in Negativität, Widerstände und sonstigen Schlendrian gehören zum Wachstum und sind eine Aufforderung, wieder von vorn anzufangen.

Wir sorgen dafür,
dass es uns schlecht geht
oder dafür,
dass wir stark sind.
Der Arbeitsaufwand
ist der gleiche.

Carlos Castaneda

Langfristige Maßnahmen für eine erhöhte Stress-Toleranz

Heilendes für den Körper

Die Psychologin Gerda Boyesen beschreibt in ihrem Buch »Über den Körper die Seele heilen« über die Fähigkeit des Körpers, seelischen Stress regelrecht zu ›verdauen‹. Sie machte die Beobachtung, dass manche Menschen ihre seelischen Probleme offensichtlich besser bewältigen können als andere, und fand heraus, dass sich bei diesen Menschen die Gemütsbewegungen in Form von Erregungen über das vegetative Nervensystem entladen können. Zu bemerken ist dies besonders an der

Die Fähigkeit des Körpers, Stress zu verdauen

Aktivierung der Darmperistaltik. Sobald eine tiefe Entspannung beziehungsweise Entladung auf seelischer Ebene erfolgt, fängt der Darm an zu gurgeln und zu blubbern, als ob kleine Luftblasen zerplatzen. Dies erzeugt ein wohliges und gleichzeitig befreiendes Gefühl. Sie haben dieses Phänomen vielleicht schon einmal erlebt, ohne sich erklären zu können, was da geschieht. Auch die Teilnehmer meiner Seminare zum Autogenen Training nehmen es als Folge der Körperentspannung häufig wahr.

Ein ähnlicher Effekt ist bei den Muskeln zu beobachten. Wenn sich verspannte Muskeln lockern, weil sich seelische und geistige Spannungen lösen, wird der Körper von einer angenehmen Müdigkeit überflutet. Die vorher festgehaltenen Stoffwechselschlacken und die eingelagerte Energie werden frei und erzeugen im Körper ein Gefühl von wohliger Schwere. Gerda Boyesen spricht sogar von einem Müdigkeitshormon, das ausgeschüttet wird und nach einer Weile wieder abflutet.

Lustvolle und ungewöhnliche Maßnahmen zur Stärkung der Stress-Toleranz

Schaffen Sie sich also im Alltag immer wieder Bedingungen, die Körper, Seele und Geist zur Ruhe kommen lassen, damit diese ›Stress-Verdauung‹ auch stattfinden kann. Besonders wer leicht irritierbar ist oder Wert auf ein harmonischeres Lebensgefühl legt, sollte auf diese Weise seine Stress-Toleranz stärken. Das ist nicht nur ein Dienst, den wir für uns selbst tun, sondern auch für unsere Umgebung.

Ich werde Ihnen eine Auswahl von lustvollen und auf den ersten Blick vielleicht etwas ungewöhnlichen Maßnahmen vorstellen, die sich bei meinen Patienten und bei mir selbst bewährt haben. Sie lassen sich gut in ihren Tagesablauf einbauen. Die eine oder andere mögen Sie vielleicht als tägliches Ritual genießen. So können Sie wohltuende Gewohnheiten mit der Zeit verinnerlichen. Wer regelmäßig täglich oder wöchentlich zu einer bestimmten Zeit etwas für sich tut, spart die Energie und Kraft, die notwendig sind, um immer wieder einen neuen Anlauf zu nehmen. Es ergibt einen Rhythmus, der schließlich zu Ihrem Alltagsleben dazugehört. Erlauben Sie mir an dieser Stelle einige Bemerkungen zu den Begriffen Ritual und Übung.

Rituale heilen

Keine Krankheit kann wirklich heilen ohne heilende Rituale. Ritus heißt heiliger Brauch.

Damit ist eine Gewohnheit gemeint, die nicht nur eine banale Angewohnheit ist, sondern die eine Heil bringende Wirkung für den hat, der sie anwendet. Jeder Mensch hat seine persönlichen Rituale, um dem Tag einen Rhythmus zu geben. Und auch in jeder Kultur gibt es Rituale, die das Leben durch Sinn gebende, immer gleiche Haltepunkte strukturiert. Wir sind sehr stark durch die ritualisierten Feste des Christentums geprägt. Aber selbst Menschen, denen gesellschaftliche Rituale ein Gräuel sind, entwickeln eigene Rituale für ihr Leben.

Hingabe und Achtsamkeit als stress- reduzierendes Ritual

Tätigkeiten, die Sie regelmäßig und mit besonderer Hingabe und Achtsamkeit ausüben, sind von großem Nutzen. Tun Sie es in dem Bewusstsein: »Ich tue es für mich. Ich bin es mir wert.« Ein Ritual ist dann besonders wertvoll, wenn es einem so unersetzlich ist, dass nur wenige Umstände einen davon abhalten können.

Rituale sind aber nichts Starres. Wenn sich das Leben ändert, können sie sich auch verändern. Doch Rituale sind nicht beliebig, sondern gelten soweit verbindlich, manche vielleicht sogar für immer.

So, wie für den einen das gemütliche Zeitung lesen nach dem Frühstück einfach dazu gehört, so hat ein anderer die Gewohnheit, morgens einen kurzen Gang durch den Garten zu machen, um sich auf den Tag einzustimmen. Wie Sie noch sehen werden, ist die Haltung, mit der Sie dies tun, entscheidender, als das, was Sie tun. Denn durch sie können banale Gewohnheiten zu einer Heil bringenden Übung werden.

Üben als Selbst-Training

Wenn Sie an das Wort Üben denken, kommen Ihnen vielleicht Erinnerungen an das langweilige Üben bestimmter Aufgaben in der Mathematik oder das stupide Auswendiglernen von Texten in der Schule, vor allem aber, dass dahinter ein Muss und die dementsprechende innere Auflehnung stand. Nur selten kommt Menschen bei dem Wort Üben das unermüdliche Laufen-Üben von Kleinkindern in den Sinn, die nichts lieber tun, als es immer von neuem zu versuchen und nach jedem Hinfallen wieder aufstehen, um es wieder und wieder in der gleichen Weise zu probieren. Sie scheinen dabei kaum den üblichen Überdruss zu empfinden. Wenn das Laufen dann klappt, geht es ans Bäume klettern, ans Fußball spielen oder Seil springen.

Auch das Üben eines Musikinstruments steht nicht gerade in dem Ruf, besonders kreativ zu sein. Vielmehr bedauert man jemanden: »Ach, du musst ja noch viel üben!«

Jedes Mal, wenn ich selbst etwas über längere Zeit geübt habe, ob es nun eine Bachsonate einzustudieren galt oder eine komplizierte Schrittfolge im orientalischen Tanz oder das Wedeln beim Skifahren zu lernen, immer war es ein spannender Prozess, meine Fortschritte zu beobachten. Wie es Mark Andreas Gieseke in seinem Buch über das Üben in der Musik so treffend beschreibt, übt der Übende nicht »sein Instrument« (oder das Skifahren etc.), sondern sich selbst. Man könnte also fast sagen, jeder Mensch hat das innere Bedürfnis und die Anlage zum Selbst-Training. »Der übende Mensch hat sich im Üben verändert. Nach der ersten Wiederholung ist er ein anderer als nach der tausendsten.«

Aus dem Zen ist der Begriff des Übens in seiner tiefen Bedeutung als Weg zu sich selbst bekannt. Das Üben bezieht sich dabei auch nicht auf das Erlernen besonderer Fähigkeiten, sondern auf die banalsten Abläufe des täglichen Lebens. Dabei kommt es mehr auf das bewusste und gelassen-achtsame Umgehen mit dem eigenen Leben an.

Wenn ich das Leben mit all seinen Versuchen und Irrtümern als Übung betrachte, dann kann ich bei Fehlschlägen immer sagen: »Ich übe noch. Fehler sind inbegriffen.« Wer sich das Üben zu Eigen macht, hat eine höhere Frustrations- und Stress-Toleranz und sieht die Dinge weniger verbohrt. Denn: »Der Weg ist das Ziel.«

Aus diesem Grunde sind Maßnahmen, die sich immer in gleicher oder ähnlicher Weise wiederholen, so heilsam und bringen uns zu uns selbst zurück, wenn wir uns durch zu viel Stress verloren haben.

Habe ich meinen Körper verloren,
so habe ich mich selbst verloren.
Finde ich meinen Körper,
so finde ich mich selbst.
Bewege ich mich,
so lebe ich und bewege die Welt.
Ohne diesen Leib bin ich nicht,
und als mein Leib bin ich.

Vladimir Illjine

Lustvolle Wiederbelebungsmaßnahmen für jeden Tag

Meine Erfahrung ist: Je empfindlicher, labiler oder stressanfälliger ein Mensch ist, desto wichtiger ist für ihn ein lebendiges und wohliges Körpergefühl.

Jede Mutter weiß, wie schlecht es ihrem Kind geht, wenn es sich körperlich unwohl fühlt. Dies gilt umso dringender, je kleiner und empfindlicher das Kind ist. Das Baden, Eincremen, Umsorgen von Babys hat durchaus nicht nur einen hygienischen oder pflegerischen Sinn, sondern es dient dem kraftvollen Wohlgefühl des Babys in seinem kleinen Körper. Das Baby dankt es der Mutter mit guter Laune und wohligem Glucksen.

Das Kind lernt von einer liebevollen und instinktiv handelnden Mutter, wie es sich anfühlt, gut versorgt zu sein, eine wichtige Ressource für sein späteres Leben.

Fürsorge für sich selbst und den eigenen Körper

Viele, wenn nicht die meisten Menschen, leiden Mangel an Fürsorge. Wenn sie darauf angesprochen werden, wird ihnen diese Tatsache oft schmerzhaft bewusst. Liebevolle Fürsorge für sich selbst und den eigenen Körper muss häufig erst ganz bewusst in das eigene Leben integriert werden. Umso erstaunlicher sind die Rückmeldungen, wenn dies geschieht. Nie gekanntes Wohlgefühl, kraftvolleres Körpergefühl, bessere Durchblutung, besseres Aussehen, elastischere Haut oder mehr Elan sind typische Äußerungen.

Wenn wir davon ausgehen, dass der Körper, wie weiter oben angedeutet, das Innere Kind repräsentiert, so hat die Fürsorge und Pflege des eigenen Körpers für den Erwachsenen eine ähnliche Bedeutung wie die Fürsorge für das Baby durch die Mutter oder den Vater. Sie heilt den ganzen Menschen.

Was bringt den Körper wieder ins Lot?

Folgende ›rituelle‹ Handlungen haben sich bei meinen Patienten und bei mir selbst für die Wiederbelebung des eigenen Körpers als besonders wirkungsvoll erwiesen. Allgemein gilt, je bewusster, regelmäßiger und liebevoller Sie für sich sorgen, desto tiefgehender wirkt es sich aus.

Wohltuende Anwendungen

❖ Das Trockenbürsten

❖ Das Basen- oder Überwärmungsbad

❖ Das warme Fußbad

❖ Das Kopf-frei-Ritual

❖ Der Leberwickel

❖ Die Tiefatmung

❖ Den Körper in die Hände nehmen

❖ Sonstige belebende Maßnahmen

Durch Körperreize können Sie eine Bewusstheit für sich selbst bekommen. So ist Selbstbewusstsein nichts anderes als einfach nur diese Bewusstheit für sich selbst und den eigenen Körper. Es hat nichts mit dem Gefühl zu tun, etwas ganz Besonderes zu sein, was fälschlicherweise oft angenommen wird.

Um dieses Bewusstsein für sich selbst zu verbessern, ist das Trockenbürsten mit einer anschließenden Ölmassage eine sehr effektive Maßnahme. Es dient dazu, den eigenen Körper ganz konkret mit den Händen zu berühren. Heute breitet sich ein Körperkult aus, doch der richtet sich auf Äußerlichkeiten und das Ziel ist, einen Körper zu haben, der toll

aussieht und funktioniert, als wirklich im Körper zu sein und ihm die Ruhe und den Ausgleich zu geben, den er braucht.

Das Trockenbürsten und die anschließende Ölmassage sind sehr bewusste Anwendungen für die Haut, unsere äußere Hülle und Grenze. Dabei kommt das vegetative Nervensystem in die Balance.

Weil die Haut dabei feucht, nicht nass ist, bildet sich eine Öl-Wasser-Emulsion, die sehr schnell in die Haut eindringt. Es bildet sich eine Schutzhülle um den ganzen Körper, die wärmt und abgrenzt. Öle hatten schon im Altertum eine große Bedeutung in der Gesundheitspflege. Sportler wurden zum Schutz der Muskeln stets besonders sorgfältig mit Olivenöl eingerieben. Erst heute wird wissenschaftlich bestätigt, dass Öle eine wichtige Rolle im Stoffwechsel spielen.

Das Trockenbürsten ist eine kleine Massage der Reflexzonen des Körpers. Es regt sämtliche Meridiane* an, die den Körper tonisieren. Dadurch werden Heilreize ausgelöst, die sehr nachhaltig wirken.

Das Ganze dauert zwei bis drei Minuten und ist wie eine kleine Gymnastik zum In-Schwung-Kommen für Morgenmuffel. Danach fühlen Sie sich durchströmt, durchwärmt und in Ihrem Körper zu Hause. Ihre Haut wird bei regelmäßiger Anwendung weich, elastisch und bekommt ein frisches Aussehen, und zwar vor allem auch im Gesicht.

❌ Das Trockenbürsten

Mit einer Sisalbürste wird der Körper morgens nach dem Duschen oder Waschen gebürstet und zwar nachdem die Haut mit dem Handtuch abgetrocknet wurde, aber noch leicht feucht ist.

Man bürstet von unten nach oben beziehungsweise immer zum Herzen hin.

*das sind nach der chinesischen Medizin die Energiebahnen des Körpers

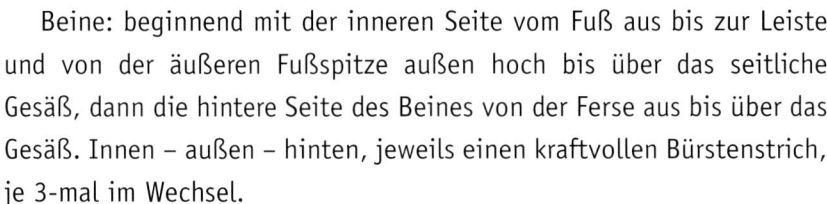

Beine: beginnend mit der inneren Seite vom Fuß aus bis zur Leiste und von der äußeren Fußspitze außen hoch bis über das seitliche Gesäß, dann die hintere Seite des Beines von der Ferse aus bis über das Gesäß. Innen – außen – hinten, jeweils einen kraftvollen Bürstenstrich, je 3-mal im Wechsel.

Arme: entsprechend den Beinen. Innen – außen – hinten, 3-mal im Wechsel, jeweils bis zur Schulter beziehungsweise zur Achselhöhle.

Bauch: Mehrmals im Uhrzeigersinn entsprechend dem Verlauf der Darmbewegungen von rechts unten nach oben, zur Seite und nach links unten.

Brustkorb: Frauen umkreisen mehrmals ihre Brüste (beste Krebsvorsorge); Männer das Gebiet um ihre Brustwarzen.

Rücken: Mehrere Striche von unten nach oben entlang der Wirbelsäule (Reizung der Nieren, Leber, Galle-Reflexzonen) und seitlich, soweit Sie hinreichen.

Halsvorderseite: Bei Menschen mit Schilddrüsenproblemen, v. a. Überfunktion, bitte nicht behandeln. Menschen, die unter Antriebslosigkeit leiden, können gerne vorsichtig einige Striche bürsten.

Anschließend wird die noch leicht feuchte Haut mit einem Körperöl, zum Beispiel Massageöl mit Arnika, Wildrosenöl o. ä., von unten nach oben massiert.

Meine eigene Karriere als körperbewusstes Wesen begann vor etwa dreißig Jahren. Ich fühlte mich sehr krank und hatte heftige Gelenkprobleme. Unter anderem das Trockenbürsten war eine Maßnahme, die mir ein vorher nicht gekanntes Körper-Wohl-Gefühl verschaffte. Ich habe es bis heute beibehalten.

Diese Anwendung habe ich Hunderten von Menschen nahegebracht, Kranken, aber auch Gesunden. Vor allem Männer, die an sich gewohnt

sind, weniger Aufhebens von ihrem Körper zu machen, betonen die verblüffend wohltuende Wirkung.

Unser Körper ist nicht nur aus Fleisch und Blut. Wir haben auch einen Energiekörper, der über unsere Körpergrenzen hinausgeht. Menschen spüren beispielsweise das Nahen eines anderen an der Energie, die von ihm ausgeht, noch bevor sie ihn gesehen oder berührt haben. Der Energiekörper kann bei übergroßem Stress in Mitleidenschaft gezogen werden. Wasser als Waschung, Guss, Wickel oder Bad ist dafür ein altes Heilmittel. Tausende zieht es im Sommer ans Meer. Die meisten Menschen spüren instinktiv die energetisierende und auch seelisch reinigende Wirkung eines Bades in Salzwasser.

Das Basen- oder Überwärmungsbad

Lassen Sie sich ein Bad einlaufen. Das Wasser sollte angenehm warm sein, etwa Körpertemperatur haben oder etwas höher, nur nicht zu heiß. Geben Sie ein halbes oder besser ein ganzes Kilo Salz dazu, zum Beispiel aus dem Toten Meer oder einfaches Meersalz, und ein bis zwei Teelöffel Natron, damit der pH-Wert in etwa bei 8,5 liegt. Das kann mit einem pH-Indikatorpapier aus der Apotheke überprüft werden.

Legen Sie sich nach Lust und Laune bis zu zwei Stunden in dieses Bad. Der Körper verträgt das sehr gut und die Haut wird auch nicht schrumpelig wie in einem normalen Bad. Unter Wasser reiben Sie die Haut immer wieder mit einem rauhen Waschlappen oder einer Bürste, damit das Gewebe verstärkt durchblutet wird.

Wenn Sie das Bad als Überwärmungsbad nutzen, was noch stärker wirkt, lassen Sie alle fünf Minuten so viel heißes Wasser zulaufen, dass die Temperatur um ein Grad steigt. Dann können Sie allerdings nur bis zu zwanzig Minuten baden. Danach werden Sie aussehen wie ein gekochter Krebs und sehr ruhebedürftig sein. Verstärkend wirkt, wenn Sie während des Bades warmen Kräutertee trinken.

Nach dem Bad müssen Sie ausgiebig ruhen, beim Überwärmungsbad können Sie auch eine halbe Stunde nachschwitzen.

Am besten macht man diese Anwendung abends. Wer empfindlich ist, sollte das erste Mal dabei nicht allein sein.

Infolge Sauerstoffmangels, Mangel an Bewegung, mineralarmer und zu eiweißreicher Ernährung, Zuckerkonsum, am schlimmsten aber durch Stress ist der Stoffwechsel der meisten Menschen heute übersäuert.

Das Basenbad hat hier eine sehr vielfältige und ganzheitliche Wirkung. Es regt den Stoffwechsel stark an, über die Haut werden viele Säuren ausgeschieden und es entspannt. Dies äußert sich oft in großer Müdigkeit.

Baden wird von alters her als Heilmittel eingesetzt, und es gibt vielfältige Variationen wie zum Beispiel Ölbäder. Baden ist eine segensreiche Maßnahme für Körper, Geist und Seele, die uns fühlbar in die eigene Mitte zurückbringt.

Menschen im Stress sind meist nur noch im Kopf. Die Gefühle und der Körper sind abgeschaltet und alle Energie ist nach oben verlagert. Nicht umsonst hört man oft den Satz: »Mir raucht der Kopf.« Dem gegenüber sind die Füße im Stress oft eiskalt.

Das klassische Krankheitsbild ist hier die Migräne, bei der sogar das Denken vor lauter Energieüberflutung im Kopf vernebelt ist. So manchen Migränepatienten habe ich unter anderem durch regelmäßige abendliche Fußbäder geheilt, weil sie die Energie wieder nach unten transportieren, dorthin, wo sie bei einem Menschen hingehört, der mit beiden Beinen auf der Erde steht. Schulmedizinisch gibt es dafür wie so oft keine Erklärungsmodelle. In der chinesischen Medizin ist dies jedoch von alters her bekannt.

❌ Das warme Fußbad

Das warme Fußbad empfehle ich nicht nur Migränepatienten, sondern generell Menschen unserer nordischen Breiten, weil wir viel zu wenig Wärme und Sonnenlicht bekommen. Dadurch wird nach der chinesischen Medizin die Niere in ihrer Energie geschwächt. In der kalten Jahreszeit kommt es bei innerem Stress und äußerem Druck besonders häufig zu Blasen- und Nierenentzündungen und ständigem inneren Frieren, vor allem an den Füßen.

Halten Sie die Wassertemperatur beim Fußbad anfangs nur wenig über der Temperatur der Füße und geben ganz langsam immer mehr warmes Wasser hinzu. Es gibt im Handel spezielle Fußwannen, doch gewöhnliche Eimer haben sich auch bewährt. Sie können ein paar Tropfen ätherisches Öl dazugeben wie zum Beispiel Lavendel- oder Rosmarinöl oder wie beim Basenbad Meersalz verwenden.

Das warme Fußbad regt die Reflexzonen der Fußsohle an. Weil hier der Körper vollständig repräsentiert ist, hat diese Anwendung tiefgreifende und ausgleichende Wirkung. Sie erwärmt nicht nur die Füße, es breitet sich vielmehr im ganzen Körper eine wohlige Wärme aus. Das vegetative Nervensystem kommt zur Ruhe und der Kopf wird angenehm leer.

Das warme Fußbad ist ein wohltuendes Abendritual, das es Ihnen erleichtert abzuschalten. Zusätzlich ist es eine wunderbare Vorsorgemaßnahme für den Nieren- und Beckenbereich und wenn Stress und Druck überhand nehmen. Denn nicht umsonst sagen wir dann, uns gehe etwas an die Nieren.

Das Kopf-frei-Ritual

Ein anderes Heilritual, den Kopf wieder frei zu bekommen, ist das Bürsten der Haare. Wenn es uns gut geht, so die Beobachtung, sitzt die Frisur besser und die Haare fühlen sich lockerer an. Umgekehrt kann man einen wohltuenden Effekt auf Körper und Seele ausüben, wenn Haare und Kopfhaut liebevoll behandelt werden. Das kennen Sie vom Haare waschen. Danach fühlt man sich insgesamt wohler. Die Haare eignen sich besonders gut dazu, um Spannungen zu lösen, die sich im Kopf angesammelt haben. In meinen Fastenkursen nehmen wir uns dafür täglich Zeit, auch um Kopfschmerzen vorzubeugen.

Gehen Sie mit den Fingern wie mit einer Harke über den Haarboden von den Ohren in Richtung Scheitel und von vorne nach hinten und umgekehrt. Wenn Sie das ein paar Mal gemacht haben, ziehen Sie sich sanft an den Haaren, sodass die Kopfhaut etwas mitbewegt wird. Das Gesicht entspannt sich sofort und Sie fühlen sich gelöster. Sie können auch gerne die Kopfhaut massieren.

Als Abendritual könnten Sie eine ganz alte Regel anwenden, die einhundert Bürstenstriche. Bürsten Sie mit einer Bürste mit Naturborsten den ganzen Stress des Tages aus den Haaren – von vorn nach hinten, von hinten nach vorn und von den Seiten Richtung Scheitel.

Diese Anwendung ist besonders Männern zu empfehlen, die zu schütterem Haar neigen. Eine Glatze ist nämlich kein Zeichen besonderer Männlichkeit, sondern neben einer gewissen Veranlagung eher von Mineralmangel durch Stress, dem die Haare geopfert werden, damit die inneren Organe geschont werden.

Ein chronisch gestresster Teilnehmer in einem Stress-Seminar war so begeistert von dieser Maßnahme, dass er sich jeden Abend schon darauf freute. Er fühlte sich danach immer angenehm entlastet und hatte den Kopf frei.

✖ Der Leberwickel

Bei Stress ist oft auch die Körpermitte in Mitleidenschaft gezogen, was sich mit Sodbrennen oder Verdauungsproblemen bemerkbar macht. Die Angst, nicht gut genug zu sein, erzeugt den ständigen inneren Druck in der Magengegend und kann auf Dauer den ganzen Körper in Mitleidenschaft ziehen. Hier tut der Leberwickel besonders gut. Er entspannt die Körpermitte und regt über altbekannte Haut-Organ-Reflexe die Durchblutung der darunter liegenden Organe angenehm an.

Der Leberwickel ist eine Maßnahme für Erschöpfte, Gestresste, Kranke und Unruhegeister, die zum Beispiel auch unter nervösen Magen-Darm-Problemen und Schlaflosigkeit leiden. Durch den Leberwickel kann man zum Beispiel die Durchblutung der Leber um 30 bis 40 Prozent steigern und verstärkt damit ihre Entgiftungsleistung. Durch die stärkere Durchblutung im Bauchraum kommt es zur Beruhigung im gesamten Organismus.

Der Leberwickel kann während der Mittagsruhe gegen 15:00 Uhr angewendet werden, das ist die Zeit, zu der sich die Leber regeneriert, oder auch abends vor dem Einschlafen.

Nehmen Sie ein kleines Frottierhandtuch, halten es in heißes Wasser und wringen es sehr gut aus. Legen Sie es auf die rechte Seite des Oberbauchs, sodass es auch den Magen bedeckt, und befestigen Sie darüber eine warme Wärmflasche mit einem Handtuch.

Die wohltuend beruhigende Wirkung macht sich bald bemerkbar, und Sie können dabei einschlafen. Manche Menschen fühlen nach dem Leberwickel eine noch größere Erschöpfung. Das sollte Sie nicht abschrecken, denn die Erschöpfung ist Folge der Entgiftung und zeigt, dass Sie noch mehr Erholungsphasen, weniger Konsumgifte und generell mehr Sauerstoff benötigen.

Die Tiefatmung

Immer wieder wird vergessen, dass der Atem unser größter Energie-lieferant ist und auf die Befindlichkeit von Seele und Geist entscheiden-de Auswirkungen hat. Wer erschöpft ist, atmet ständig zu flach. Die meisten Menschen nutzen nur zwanzig Prozent ihrer Atemkapazität. Durch bewusst langsames Atmen können Sie Ihre Stimmung wesentlich verbessern. Oder haben Sie schon mal jemanden erlebt, der sanft atmet und dabei wütend ist?

Es gilt, ein Bewusstsein dafür zu entwickeln, wie Sie gerade atmen, denn daraus können Sie ableiten, wie es Ihnen gerade geht. Der Atem erhöht niedrigen Blutdruck, verringert hohen Blutdruck, steigert den Sauerstoffgehalt in den Zellen und beruhigt und aktiviert Seele und Geist.

Es gibt dicke Bücher mit Atemübungen. Deshalb hier nur ein paar überall praktikable Tipps.

❖ Dehnen und strecken Sie sich öfter mal, um den Atem zu spüren.

❖ Denken Sie öfter daran, mit »ffffffff« auszuatmen, denn wer die Lunge nicht leer bekommt, weiß gar nicht, wie viel hineinpasst. Es ist eine ganze Menge.

❖ Atmen Sie bewusst in die Flanken und in den Rücken. Ihre Rippen werden dadurch elastischer und der Brustkorb weiter.

❖ Nehmen Sie bei sitzender Tätigkeit öfter einige tiefe Atemzüge am offenen Fenster.

Als ich klein war, litt ich oft unter Atemnot. Ich bekam einfach nicht genug Luft in meinen Brustkorb hinein. Ich fragte meine Mutter, was das denn sei, doch sie wusste es auch nicht. Heute weiß ich, dass ich damals oft große innere Spannungen hatte, wodurch meine Lunge in Einatem-

stellung verharrte. Dann kann die verbrauchte Luft nicht entweichen und frische Luft nicht hinein. Atemnot ist die natürliche Folge. Seit mir dies klar ist, konnte ich schon vielen Patienten mit dem simplen »ffffffff« zur Tiefatmung verhelfen.

Wenn Ihre Atmung großzügiger wird, merken Sie das vielleicht nach einem halben Jahr daran, dass Kleidungsstücke um den Brustkorb herum eng werden und der Körper insgesamt stattlicher wirkt.

Den Körper in die Hände nehmen

Wie im Kapitel über die innere Haltung noch besprochen wird, ist es entscheidend, behutsam mit unserem Körper umzugehen. Viele haben in ihrer Kindheit zu wenig Berührung bekommen, was dazu geführt hat, dass sie wenig Gefühl für sich selbst haben. Man kann dies aber nachholen beziehungsweise lernen. Wenn Sie möchten, können Sie sich täglich immer mal ein paar Momente gönnen, in denen Sie sich selbst behutsam in die Hand nehmen. Ein sehr schönes Ritual ist es, am Morgen oder abends die Füße in die Hände zu nehmen.

Nehmen Sie einen Fuß ganz behutsam, vielleicht sogar zärtlich in Ihre beiden Handflächen, eine Hand unter der Fußsohle, die andere auf dem Fußrücken. Atmen Sie durch Ihre Hände in den Fuß hinein. Ihr Atem wird wohliger und tiefer. Sie spüren im ganzen Körper die Fürsorge für sich selbst.

Sie können den Fuß auch vorher etwas massieren. Es kommt jedoch mehr auf ein bewusstes Berühren an als auf eine handfeste Aktion, gewissermaßen mehr auf das Fühlen als darauf, etwas zu tun.

Sie können dies mit jedem Körperteil tun, auch je eine Hand auf Brustbein und Bauch kann uns ein Gefühl für Ruhe und Zentriertheit vermitteln.

Sonstige belebende Maßnahmen

Ein kraftvolles Gefühl für den Körper bekommt man auch durch jede Art von Sport. Zweimal zwanzig Minuten in der Woche leichte Bewegung reichen schon aus. Sie sollte nur nicht mit verbissenem Ehrgeiz betrieben werden, weil das neuen Stress erzeugt. Wer aber beruflich schon ständig auf Trab ist, wird vielleicht mehr Freude am Angeln haben. Ein Mensch mit sitzender Tätigkeit wird sich freuen, seinem Bewegungsdrang beim Wandern, Radfahren oder Skaten freien Lauf zu lassen. Es gibt unzählige Möglichkeiten der sportlichen Betätigung. Fahnden Sie nach Ihren Vorlieben.

Jede maßvolle Art körperlicher Betätigung, vor allem in der Natur, hält fit und stärkt die psychische Stabilität und seelische Ausgeglichenheit. Dabei sind vier Prinzipien zu beachten.

1   Regelmäßigkeit ist wichtiger als Menge.

2   Richtige Anwendung. Machen Sie besser ein Training mit, als völlig falsche Bewegungsmuster zu verfestigen.

3   Maßvolle Belastung. Spazieren gehen ist besser als mit hochrotem Kopf krampfhaft zu joggen und hinterher völlig erschöpft zu sein.

4   Freude statt Pflichtübung. Wenn Sie ein Naturtyp sind, dann fahren Sie mit dem Fahrrad zum nächsten See zum Schwimmen, statt sich im Fitness-Studio an Kraftmaschinen zu quälen.

Das *Walken* oder ganz modern das *Nordic Walking* mit Wanderstöcken ist besonders zum Ausgleich sitzender Tätigkeit eine sinnvolle Bewegungsmöglichkeit. Gegenüber dem Spazieren mit hängenden Armen wird beim *Walking* durch die zusätzliche Bewegung der Arme die Atmung vertieft. Dadurch wird eine höhere Sauerstoffanflutung im Körpergewebe erreicht. Das macht den Kopf klar und hilft bei der Stress-Bewältigung. Es gibt inzwischen einige Bücher zu diesem Thema.

Regelmäßiges Schwimmen, Yoga, Taiji oder sonstige Disziplinen aktivieren und kräftigen den Körper genauso wie Saunen und Kneippsche Anwendungen.

Darüber hinaus sind eine gewisse äußere und innere Ordnung wichtige Voraussetzung dafür, dass der Körper und mit ihm Geist und Seele wieder ins Lot kommen, denn sie sorgt dafür, dass auch die inneren Rhythmen ins Gleichgewicht kommen.

Hippokrates stellte in der Diaita* Gesundheitsregeln auf, die noch heute gelten wie vor zweitausend Jahren.

Gesundheitsregeln nach Hippokrates

❖ Sorge für reine Luft, ausreichend Frischluft, richtiges Atmen, Luft, Licht und Wasseranwendungen.

❖ Sorge für eine maßvolle, gesunde Ernährung, reichlich Zufuhr bekömmlicher Flüssigkeiten, Einhaltung der Fastenregeln, meide Genuss- und Suchtmittel.

❖ Sorge für ein ausgewogenes Gleichgewicht von Bewegung und Ruhe, von Arbeit und Feierabend, Leistung und Erholung.

❖ Sorge für einen gesunden Rhythmus im Schlafen und Wachen, Erhaltung der äußeren und inneren Ruhe.

❖ Sorge für einen gesunden Stoffwechsel durch geregelte Ausscheidungen von Stuhl, Harn, Schweiß und Menses.

❖ Sorge für einen kultivierten Lebensstil mit positivem geistig-seelischem Aufbau und Sinngebung.

*der Ursprung unseres Wortes Diät, was soviel heißt wie Ordnung

Hippokrates' Gesundheitsregeln heute

❖ Lieber mal zu Fuß gehen und frische Luft schnappen, statt ständig alles mit dem Auto zu erledigen.

❖ Nicht nur Entspannung ist gesund erhaltend, sondern auch etwas Bewegung, vor allem an der frischen Luft.

❖ Auf Rhythmus achten, denn dann kommen auch die Ausscheidungsrhythmen in Ordnung, eine sinnvolle Ernährung und ausreichendes Trinken vorausgesetzt.

❖ Für genügend Schlaf sorgen, denn wer chronischen Schlafmangel hat, kommt irgendwann gar nicht mehr zur Ruhe.

❖ Statt sich ständig von Medien berieseln zu lassen, lesen Sie mal ein gutes Buch oder genießen Sie einfach nur, wie Ihr Körper zur Ruhe kommt.

❖ Sorgen sie für Seelennahrung und gehen sie menschlich mit sich und anderen um.

Für die Gesundheit deines Körpers zu sorgen,
ist ein Ausdruck der Dankbarkeit
gegenüber dem ganzen Kosmos
– den Bäumen, den Wolken, einfach allem.

Thich Nhat Hanh

Wie esse ich gesund?

Eine gesunde Ernährung sorgt ebenfalls für eine höhere Stress-Toleranz. In meinen Fastenseminaren werde ich immer wieder gefragt, welche Ernährung richtig sei. Weil es unzählige Theorien über gesunde Ernährung gibt, möchte ich an dieser Stelle nur grundsätzliche Bemerkungen machen. Ich selbst habe in jungen Jahren eine Fülle von Ernährungsformen getestet und kann nur Folgendes dazu sagen:

❖ Schaffen Sie sich einen zu Ihnen passenden Rhythmus für Frühstück, Mittag- und Abendessen. Dazwischen sollten immer mindestens zwei bis drei Stunden Pause sein, besser noch vier bis fünf Stunden, um dem Darm Zeit zur Verdauung zu geben.

❖ Machen Sie sich keinen Stress mit der Ernährung. Für stressloses Kochen empfehle ich ein Lieblingskochbuch für gesunde Ernährung, aus dem Sie sich mehrere Gerichte und deren Zutaten heraussuchen. Probieren Sie einfach eine Woche lang, wie Sie damit zurechtkommen. Das mit Liebe gekochte und vor allem mit Liebe gegessene Lieblingsmahl, dass Ihnen Ihre Großmutter oder sonst wer immer gekocht hat, ist mehr wert, als alle Ernährungstheorien, es sei denn, Sie können das Essen wirklich nicht vertragen.

❖ Bevor Sie auch nur einen Gedanken an das richtige Essen verschwenden, bedenken sie, dass es völlig gleichgültig ist, was Sie essen, wenn Sie es schlingen. Es wird Ihnen nicht bekommen. Dies gilt besonders für Vollkornernährung, weil schwer verdauliche Nahrung, die geschlungen wird, sogar gesundheitsschädlich sein kann.

❖ Wenn Sie wirklich etwas ändern wollen, beginnen Sie damit, jeden Bissen zwanzig-, dreißig, am besten aber vierzigmal zu kauen. Man muss etwas üben, bis es klappt, da das Essen die Neigung hat, immer gleich im Rachen zu verschwinden. Am besten trainiert man mit einem Stück trockenem Brot. Aus eigener Erfahrung kann ich sagen, dass Essen eine ganz neue meditative Erfahrung sein kann. Dies wird mir immer wieder bestätigt. Langes Kauen ist auch eine gute Möglichkeit, um sich bei so genannten Arbeitsessen gut zu fühlen und bei sich zu bleiben. Probieren Sie es aus, es ist eine wahrhafte Stress-Bewältigungstechnik.

❖ Achten Sie grundsätzlich auf Qualität. Riesige Lauchstangen, wunderschöne Äpfel, Tomaten oder Salatköpfe enthalten meist wenig Aroma, viel Wasser und Nitrat, wenig Mineralgehalt und haben eine geringe Haltbarkeit. Je frischer Nahrungsmittel sind, desto besser.

❖ Nicht zu viel tierisches Eiweiß. Der Mensch von heute braucht täglich nur vierzig bis sechzig Gramm Eiweiß. Zum Beispiel einmal in der Woche ein bis zwei Eier, einmal Fleisch, einmal Fisch genügt.

❖ Empfehlen kann ich eine Ernährung mit Milchprodukten, Gemüse, Getreide und Hülsenfrüchten wie Linsen und Bohnen, wie sie in der indischen Küche häufig verwendet werden. Auch die Mittelmeerkost ist sehr zu empfehlen. Für empfindliche Menschen mit Übergewicht ist eine gemäßigte Trennkost sinnvoll, das heißt, möglichst alle Nahrungsmittel in vollwertiger Form, zum Beispiel Kartoffeln in der Schale gekocht, Vollkornreis, Hirse, Müsli und andere Getreide aus gequollenem Getreideschrot, Haferflocken, nicht zerkocht, aber auch nicht nur roh. Tierisches Eiweiß in Form von gesäuerten Milchprodukten. Das Prinzip ist, die Speisen einfach zu halten und keine großen Mengen Stärkeprodukte mit großen Mengen Eiweiß zu mischen, wie dies beispielsweise bei Kartoffeln mit Quark, Fisch oder Fleisch ist. Nach meiner Erfahrung können viele Menschen diese Kombination heute nicht mehr so gut vertragen. Ich empfehle, sich in einschlägigen Büchern zu informieren, denn jeder hat einen anderen Geschmack.

❖ Generell ist festzuhalten, dass die heute übliche Ernährung besonders sensible Menschen mit großen Stress-Belastungen nicht mehr ausreichend mit Mineralstoffen und Vitaminen versorgt. Man denke

nur an Schichtarbeiter, Eltern mit gestörter Nachtruhe durch Klein-kinder oder Tätigkeiten im Management mit ständigen Ortswechseln und vielen Flugreisen. Solche Menschen brauchen dringend Nahrungs-ergänzungen in Form natürlicher Mineral- und Vitaminpräparate aus Früchten, Getreidekeimlingen, Pollen, Gemüse oder Algen. Je mehr Stoffe in einem Präparat enthalten sind, desto besser. Es werden immer wieder neue Stoffe entdeckt, die der Körper braucht, die er aber nicht selbst synthetisieren kann. Eine miserable Ernährung kann jedoch nicht durch Pillen kompensiert werden.

❖ Menschen mit schwachen Nerven oder nervösem Herzen können besonders morgens einen Esslöffel Honig nehmen. Honig enthält unter anderem Acetylcholin, ein Stoff, der das vegetative Nerven-system stabilisiert.

❖ Bezüglich der Mengenverteilung der Nahrung gilt immer noch die Regel: »Morgens wie ein Kaiser, mittags wie ein König, abends wie ein Bettelmann«, denn der Darm kann abends keine großen Mengen mehr verdauen, und die Leber braucht nachts ihre Zeit zur Regeneration.

❖ Nicht zu vergessen, das ausreichende Trinken, am besten ›leeres‹ Wasser, das heißt reines Quellwasser oder gefiltertes Leitungswasser. Mineralwasser ist weniger günstig, weil es zu sauer ist. In der ayurvedischen Medizin wird das Trinken von heißem Wasser empfohlen, das zehn Minuten gekocht wurde. Für Stress-Geplagte ist dies gut zur Entgiftung, sowie zum Abbau und zur Ausscheidung von Stress-Hormonen. Es hat eine wohltuende Wirkung auf den Bauch und das gesamte Wohlbefinden. Wer es sich zum Beispiel auf Tagungen und unterwegs angewöhnt hat, möchte es nicht mehr missen. Eine Patientin, die in einem großen Kaufhaus ohne natürliche Belüftung arbeitet, erzählte mir, dass sie jedes Mal, wenn sie zu wenig Flüssigkeit zu sich nimmt, rote Augen bekomme und eine starke innere Unruhe verspüre. Die Stress-Hormone können dann nicht so gut abgebaut werden.

Die Ernährung sollte liebevoll und vielseitig sein und in den Tagesrhythmus passen. Essen sollte immer eine Zeit der Besinnung und der Pause sein, in der keine Streitgespräche geführt werden. Denn sonst schlucken Sie zu viel herunter. Und das bekommt niemandem. Eine Kerze auf dem Tisch kann die Besinnung symbolisieren.

Heilfasten

Zum Schluss möchte ich das Heilfasten besonders empfehlen, da es eine intensive Maßnahme zur Entschlackung und Belebung des Körpers und zur Entlastung von trüben Stimmungen und Gedanken sein kann. Das Heilfasten ist in Form von Obsttagen, dem Weglassen von Genussmitteln und Eiweiß oder dem längeren Tee- und Saftfasten eine gute Möglichkeit der Stoffwechselentlastung. Wie bei kaum einer anderen Maßnahme kommt es dabei zur Besinnung auf das Wesentliche. Oftmals leitet das intensiv erlebte Fasten eine positive Änderung der Lebensgewohnheiten ein.

Handhaben sie die Elemente Ihrer Körperfürsorge, wie sie für Sie praktikabel und einleuchtend sind. Denn was nützen die besten Maßnahmen, wenn sie nicht zu Ihnen passen. Ich habe deshalb erwähnt, was sich nach meiner persönlichen Erfahrung bezüglich Effektivität und Anwenderfreundlichkeit am besten bewährt hat.

Was nützen die besten Maßnahmen, wenn sie nicht zu Ihnen passen

Ihr Wohlfühlritual könnte zum Beispiel so aussehen: morgens nach dem Duschen Trockenbürsten und Einölen; ein Moment der Stille, bevor es losgeht; abends Ausbürsten der Haare oder in besonders anstrengenden Zeiten ein warmes Fußbad; einmal in der Woche Sauna oder ein Basenbad und am Wochenende mal eine Wanderung, Schwimmen gehen, Fahrrad fahren oder auch Gartenarbeit.

Und noch ein Tipp

Wenden Sie lieber nur eine Maßnahme an, die aber regelmäßig, als mal dies, mal jenes, ohne Konsequenz und Überzeugung.

Ein Wort zur Wellness

Wellness ist ein Wortgebilde aus *Wellbeing* und *Fitness*. Nachdem der Mensch sich in der Woche abgehetzt und oftmals jegliche Verbindung zu sich selbst und seinen Mitmenschen verloren hat, muss am Wochenende durch Wellness alles aufgeholt werden. Ein Leben vom einen Extrem ins andere. Die Menschen haben sozusagen Wellness erfunden, um zu merken, was ihnen an Entspannung und Regeneration fehlt. Für die Wirtschaft ist dies ein willkommener Einnahmezweig. Zu wünschen wäre, dass wir wieder zur natürlichen Wellness zurückfinden, die jeder durch einfaches Sich-Wohl-Fühlen bei einem Waldspaziergang oder dem Sitzen auf einer Bank erreichen kann. Denn dabei kommt nicht nur der Körper, sondern auch Seele und Geist zur Ruhe.

Heilendes für die Seele

Um Stress-Situationen gegenüber besser gewappnet zu sein, muss die Seele, vergleichbar mit einer sehr empfindlichen Pflanze, stets gut ernährt und geschützt werden, sonst wird sie in Mitleidenschaft gezogen, genauso wie der Körper. Weiter oben haben wir über den Körper als das Haus der Seele und des Geistes gesprochen. Die Seele ist etwas schwieriger zu fassen, wir können uns ihr nur indirekt nähern.

Die Regungen der Seele besser verstehen

Wie können wir die Regungen der Seele besser verstehen? Seelische Befindlichkeiten betreffen im Unterschied zu Zuständen des Geistes und des Körpers das Gefühl des Menschen für sich selbst, die Gefühlsebene, wenngleich sich immer auch Überschneidungen mit den anderen Ebenen ergeben.

Aus der psychosomatischen Forschung ist bekannt, dass die Seele sich häufig der Sprache des Körpers bedient. So kann ein Schnupfen bekanntermaßen Zeichen dafür sein, dass jemand »die Nase gestrichen voll hat«. Viele Patienten kennen bei sich selbst solche seelisch-körperlichen Zusammenhänge. Diese sind umso heftiger, je stärker der Mensch in seinem gesamten Befinden aus dem Tritt geraten ist, also zum Beispiel bei zu viel Stress oder Anforderungen von außen oder an sich selbst.

Bei Kindern ist dieser Zusammenhang selbstverständlich, obwohl Eltern dies oft nicht so gern wahrhaben wollen. Kinder sind in einer Familie ja ganz häufig die Symptomträger. Als die schwächsten Glieder des Systems agieren sie den erlittenen atmosphärischen Stress der Eltern aus. So entscheidet der seelische Zustand eines Kindes häufig darüber, ob es sich mit einer Krankheit ansteckt oder nicht.

Für Erwachsene ist wie beim Kind die einseitige Überforderung der Kräfte für die seelische Verfassung schädlich. Man kann sagen, dass schwere chronische Erkrankungen häufig Endzustände von unverarbeite-

Die Seele kann ein Meer sein, aber auch ein Tümpel,
verjaucht und angefüllt mit irdischem Gerümpel.
Ist sie ein Meer, so hält sie gleich den Meeren,
sich immerfort bewegt und rein.
Ist sie ein See, so wird in gleicher Weise
sie selbst sich Klärung durch lebendige Bewegung sein.
Und auch als Teich kann sie sich selber klären,
mag das nach Stürmen auch sehr lange währen.
Ist sie jedoch ein Tümpel, gibt sie allem Abfall Raum,
verwest als trüber Pfuhl und – fühlt es kaum.

Bo Yin Ra

ten geistig-seelischen Belastungen sind, die über viele Jahre eingewirkt haben. So wie eine chronische Überforderung der Gelenke bei Leistungssportlern eine erhebliche seelische Beeinträchtigung bewirken kann, so kann umgekehrt chronischer seelischer Druck unter bestimmten Bedingungen hohen Blutdruck verursachen.

Wenn ich Menschen, die mit ihren Kräften am Ende sind, danach frage, was ihren seelischen Gesamtzustand verbessern könnte, so bleiben mir die meisten zunächst eine Antwort schuldig. Das Problem ist, dass sie bisher ›keine Menschenseele‹ danach gefragt hat. Sehr häufig habe ich das Gefühl, dass sie völlig verlernt haben, ihrer eigenen Intuition beziehungsweise dem eigenen inneren Wissen zu trauen.

Es wundert mich nicht, wenn ich sehe, wie mit Kindern umgegangen wird. Entweder wird ihnen viel zu früh Entscheidungsfähigkeit abverlangt oder die Eltern kontrollieren jede kindliche Initiative. Üben sie immer wieder, auf eigene innere seelische Bewegungen zu achten, sie ernst zu nehmen und entsprechend zu handeln.

Durch meine Kinder habe ich erlebt, wie viel Zuwendung, Bestätigung und Zutrauen Kinder täglich benötigen. Dadurch ist mir auch im Hinblick auf meine eigene Geschichte deutlich geworden, in welchem seelischen Mangel die meisten Menschen aufwachsen und leben, ohne sich dessen je bewusst zu sein.

Vera Birkenbihl spricht von einem »Loch im Sein«, das durch materielle Dinge und/oder suchtartiges Ausagieren gestopft wird, natürlich nur notdürftig – bis zum nächsten ›Fadenschein‹.

James Redfield beschreibt den so häufig begangenen Energiediebstahl bei Partnern, Freunden und Kollegen, bei denen beispielsweise schlechte Laune abgeladen wird und die sich dann entsprechend unwohl fühlen. Sie wissen nur oft gar nicht, dass sie ›beklaut‹ wurden.

Da wir bereits mitten in einer süchtigen Gesellschaft sind, in der die Kinder schon seelisch unterversorgt und dadurch besonders materiell verführbar sind, ist es dringend notwendig, dass uns diese Zusammenhänge zu Bewusstsein kommen. Nur dann kann das Loch mit ›Seelennahrung‹ gestopft werden.

Wie kommt man seelisch wieder in Einklang?

Während sich die Stress-Merkmale des Körpers zum Beispiel durch Schmerzen bemerkbar machen, sind seelische Stress-Merkmale viel diffuser. Es können sein: komplexe Gefühle von Unwohlsein, die nur zu oft einfach übergangen werden, beziehungsweise deren Existenz man nicht ernst nimmt und die man einfach nur weghaben will. Dadurch verstärken sie sich jedoch. So ist die schlechte Laune ein typischer seelischer Mangelzustand.

Wenn ein Kind schlechte Laune hat, dann ist es unleidig und hat zu nichts Lust, egal, was für Beschäftigungsvorschläge von der Mutter kommen. Oft bemühen sich Mütter dann besonders, doch ohne Erfolg, denn das Kind *ist* eben in diesem Zustand.

In einer typischen Situation kommt Ihr Kind zu Ihnen und sagt: »Mama, mir ist so langweilig.« Sie haben bemerkt, dass Ihr Kind schon eine ganze Weile schlechte Laune hat. Um es aufzumuntern, schlagen sie vor: »Komm doch mit in den Garten!« oder: »Mal doch was!« oder: »Besuch doch deine Freundin!« Jedes Mal bekommen Sie eine abweisende Antwort wie zum Beispiel: »Du kannst dich auf den Kopf stellen, aber ich habe schlechte Laune.«

Erst, wenn Sie diese Situation vollkommen akzeptieren, wenn Sie Ihrem Kind Ihre ungeteilte Aufmerksamkeit schenken, wenn es spürt, dass Sie wirklich wissen wollen, was mit ihm los ist, dann besteht die Chance, den Zustand zu beenden, dann wird es Ihnen vielleicht erzählen, was angeblich alles schief gegangen ist, wer so unmöglich ist, oder dass es sich überhaupt nicht leiden mag, dass es niemanden hat, und überhaupt alles...

Ein kleineres Kind wird dabei vielleicht auf dem Schoß der Mutter sitzen, ein größeres Kind vielleicht auch, auf jeden Fall ist es eine Situation, die gewisser Komik nicht entbehrt. Wenn ich selbst mit meinen Kindern in einer solchen Situation war, habe ich es immer genossen, meine eigenen Erfahrungen zum Thema schlechte Laune zum Besten zu geben und ihnen zu bestätigen, wie schauerlich das Leben doch ist. Nach einer Weile des genießerischen Mitgefühls kommen dann Bemerkungen wie: »Machst du mir einen Kakao?« oder: »Ich möchte mich jetzt mit meinem Buch ins Bett setzen und so tun, als wäre ich krank.« Bei kleineren Kindern kommen vielleicht auch Bemerkungen wie: »Liest du mir das Märchen vom ... vor?«, und damit ist die schlechte Laune erledigt.

In meinen Stressseminaren ziehe ich dieses Beispiel gern heran, denn häufig ist zunächst eine große Hilflosigkeit im Umgang mit den eigenen Gefühlen von Unwohlsein zu spüren. Manchmal muss die eigene Person symbolisch nach außen verlagert werden, damit einer versteht, wie er innerpsychisch damit umgehen kann. Dabei kommt es auf nichts Anderes an als auf liebevolles und wirkliches Annehmen.

Liebevolles, wirkliches Annehmen

Menschen sind so erzogen oder haben sich daran gewöhnt, immer vernünftig zu sein, das heißt, nur mit logischem Denken an Probleme der Seele heranzugehen. Aber das kann natürlich nicht funktionieren, denn die Seele und das Gefühlsleben sind denkbar unlogisch.

Ein Mann fragt einen Fremden,
der müde mit dem Rücken an eine Mauer gelehnt sitzt
und vor sich hin starrt:
»Fremder, was sitzt du da und starrst vor dich hin?«
Der Fremde:
»Ich bin drei Tage scharf geritten
und warte darauf, dass meine Seele mich einholt.«

Orientalische Überlieferung

Auch an die Merkmale innere Leere, Überforderung, keine Muße, innere Unruhe, Im-Nebel-Sein, Angst, Depression, Groll oder seelische Störung kann man in der oben beschriebenen Weise herangehen, nämlich immer zunächst mit dem liebevollen Akzeptieren des Ist-Zustands. Erst dann besteht die Möglichkeit, die Situation zu verändern, erst dann können Sie sich fragen: »Was könnte mir denn jetzt gut tun?«, und erst dann könnten Sie darauf eine angemessene Antwort finden.

Sie werden einwenden, dass dies beim Thema Groll ja wohl kaum funktionieren kann. Das stimmt, wenn Sie sozusagen im Groll-Rausch und völlig mit diesem Gefühl identifiziert sind. Doch auch dies gilt es nüchtern zu erkennen und anzunehmen. Im Kapitel über Stress in besonderen Krisensituationen wird darauf noch genauer eingegangen. Ich lade Sie ein, zunächst nur zu erkennen, was ist. Damit ist schon viel erreicht.

Im Folgenden möchte ich auf grundsätzliche Maßnahmen eingehen, die der Seele und der gefühlsmäßigen Befindlichkeit gut tun. Es gibt viele Ideen, wie man sich »an den eigenen Haaren aus dem Sumpf zieht.« Dazu muss man sich die Frage stellen:

Was ist Seelennahrung?

Das, was uns am meisten fehlt und was wir am dringendsten für unser seelisches Gleichgewicht benötigen, ist Ruhe.

Der Zustand der Ruhe ist für viele Menschen ein großes Problem. Er lässt sich oft nur indirekt und durch ganz bewusstes Umgehen mit sich selbst erreichen und im eigenen Leben verankern. Deshalb ist Stille-Übungen in diesem Buch ein eigenes Kapitel gewidmet, denn ganz ohne das regelmäßige Einüben ist es Menschen mit großen Stress-Belastungen nicht möglich, ihre Seele auf Dauer zu schützen und zu stärken.

Für die Seele ist grundsätzlich alles wohltuend, was auch dem Körper und dem Geist gut tut.

❖ *Die Natur*

ist größer als wir selbst und zeigt uns unsere Stellung in der Schöpfung, das heißt, wir sind nicht größer als ein Baum und schon gar nicht größer als der Himmel. Natur beruhigt zum Beispiel durch das rhythmische Geräusch des Windes, der durch die Blätter weht, und die harmonische Bewegung von allem. Luft und Energie um uns her und unsere eigenen Schritte im Takt der eigenen Möglichkeiten tun das ihre. Arbeit in der Natur bringt uns in Kontakt mit der Erde. Sie erdet uns, macht uns ruhiger, denn der Rhythmus der Natur ist langsamer als unsere Begierden und geistigen Höhenflüge.

❖ *Ein Spaziergang*

ohne Absicht, einfach aus Muße, nur, um zu gehen und uns selbst zu spüren, in Bewegung zu kommen, wenn wir feststecken.

❖ *Tanz, Singen, Musizieren*

in Gemeinschaft oder allein, sind Ausdruck unserer Gefühle und lassen unsere Energie im vorgegebenen oder eigenen Rhythmus fließen. Das macht froh und sicher.

❖ *Orte der Kraft, der Stille und der Meditation*
   zentrieren uns und lassen Seele und Geist zur Ruhe kommen, sodass
   auf dem Spiegel der Seele wieder neue Bilder erscheinen können.

❖ *Sinnhafte Literatur*
   bindet uns in größere Zusammenhänge ein, Märchen lassen uns im
   Geiste durch Entwicklungsprozesse gehen, sodass unsere Seele und
   der Geist sich erweitern und Trost finden können.

❖ *Kunst und künstlerisches Gestalten*
   geht über die Enge des logischen Denkens hinaus und verbindet die
   Seele mit dem Geist. Dies erfahren wir als wohltuende Ganzheit.

❖ *Schöpferische Tätigkeiten*
   geben Sinn, haben Anfang und Ende und lassen immer etwas Neues,
   Überraschendes entstehen. Das beruhigt.

❖ *Die Seele baumeln lassen*
   Entspannen ohne Ziel stellt keine Anforderungen an uns und unsere
   Fähigkeiten. Wir lassen uns – sein.

❖ *Kontakt, Nähe erleben*
   Gemeinschaft in Gelassenheit bestärkt das eigene Gefühl und die
   grundsätzliche Verbundenheit mit sich selbst und dem anderen.

Grundsätzlich sind dies alles Situationen und Bilder, die auch für ein
Kind angenehm sind. Manchmal braucht es nur Kleinigkeiten, um uns
aus schwierigen Stimmungen, Emotionen oder seelischen Zuständen
herauszuholen. Unter der Voraussetzung, dass die Probleme im Jetzt
gelöst werden, ist es eigentlich immer sehr einfach.

*Wolf E. Büntig gibt in einem Artikel über heilende Visionen eine
interessante Aussage einer Krebspatientin auf seine Frage wieder, ob sie
denn nicht Angst vor dem Sterben habe. Sie sagte: »Ja, das kommt darauf*

an. Wenn ich zu lange in der Stadt war und alles begrenzt sehe, im rechten Winkel, dann kommt diese Angst auf. Aber dann gehe ich raus in die Natur und sehe, wie alles blüht und welkt, und dann habe ich keine Angst, denn ich weiß, das geht weiter.«

Vorschläge

u. a. von Dyrian Benz, was Sie unternehmen können, ohne einen Zweck zu verfolgen, einfach nur, um sich wohl zu fühlen und die *Ebene zu wechseln.*

Lade dich zum Essen ein

Bastle witzige Karten

Bereite dir eine Tasse Tee

Geh in ein Konzert

Bau einen Vogelkäfig

Nimm ein schönes Bad

Ruf eine Freundin an

Fahr Rollerskate

Sammle Steine am Fluss

Bügle ein schönes Hemd

Übernimm eine freiwillige Arbeit

Geh schwimmen

Verschwende etwas Zeit

Mach ein Nickerchen

Schreib einen Brief an dich

Fühle, was gerade ist

Schau dir einen Sonnenuntergang an

Backe eine Torte

Ruf einen Freund an

Sortiere deine Fotos

Lauf über Gras

Geh in eine Kunstgalerie

Geh in den Zoo

Umarme einen Freund

Mach dich richtig schön

Rede mit einem Tier

Geh in den Wald

Sieh dir einen alten Film an

Geh in einen komischen Film

Lerne etwas Neues

Frage eine Freundin, ob du sie mal umarmen kannst

Mach Seifenblasen

Backe Brot

Rieche an Blumen

Kauf neue Bettwäsche

Geh im Regen spazieren

Male mit Buntstiften

Blättere in einem Katalog

Spiel mit einem Spielzeug

Schau in die Wolken

Schau dir alte Bücher an

Höre Musik

Schau
zum Fenster hinaus

Presse Blätter

Repariere etwas

Plane ein Abenteuer

Setz dich unter einen
besonderen Baum

Lies einen Roman

Atme zehn Mal
tief durch und
streck dich lang

Kaufe witzige Socken

Lies ein Kinderbuch

Zünde dir
eine Kerze an

Schlürfe eine
Tasse heißen Kakao

Tanze zu deiner
Lieblingsmusik

Setz dich
auf eine Bank

Tu etwas,
das du als Kind
gern getan hast

Verträume mal
ein paar Stunden

Schreibe jemandem
einen schönen Brief

Putz deine
Schuhe blank

Stell dir
ein paar Gräser
in ein schönes Gefäß

Setz dich
und sei ganz ruhig

Singe
unter der Dusche

Probiere Kleider
von dir

Mach eine Wanderung

Pflanze einen Baum

Öffne eine
Dose Kaffee

In gleicher Weise wie bei den Maßnahmen für den Körper, die auch der Seele gut tun, ist es manchmal lebensnotwendig, bestimmte Gewohnheiten zu ritualisieren, damit sie mehr in der Tiefe wirken können und uns längerfristig in eine gelassenere Haltung hineinführen.

Grundsätzlich sind alle Formen der meditativen Selbstbesinnung und Entspannung Seelennahrung. Sie beruhen darauf, Ganzheit zu erfahren, in Stille und den eigenen natürlichen Rhythmus zu kommen.

Es gibt unzählige Techniken und Übungen, um den Körper-Geist-Seele-Kontakt herzustellen. Im Kapitel »Die Kraft der Stille und des Schweigens« werde ich auf einfache Elemente von Körperentspannung zu sprechen kommen, die sich ohne Mühe in Ihren Alltag einbauen lassen.

Zusammenfassung

Die Seele ist wie eine empfindliche Pflanze zu behandeln, die ganz besondere Wünsche und Anforderungen an Standort und Ernährung hat. Diese Besonderheiten sollten wir ernst nehmen und angemessen darauf antworten. Je genauer man in Menschen hineinschaut, desto deutlicher wird, dass jeder großen Hunger nach Seelennahrung hat. Viele Menschen flüchten jedoch in süchtige Verhaltensweisen, um das nicht zu merken. Dies sind Verlegenheitslösungen weil Sie nicht wissen, wie Sie den Hunger wirklich stillen können. Wenn jedoch das »Loch im Sein« mit Seelennahrung gefüllt wird, kommen wir innerlich zur Ruhe.

Die Regie des Geistes

Mit Vernunft und klarem Kopf kommen wir weiter, als mit den tausend Vorbehalten, Befürchtungen und Widerständen, die wir so tagtäglich mit uns herumschleppen.

Wenn wir uns die folgenden geistigen Einstellungen anschauen, die in uns Stress erzeugen, so fragt man sich, warum der Mensch es sich selbst so schwer macht. Da stehen der Nüchternheit beziehungsweise dem Realitätssinn und der Achtsamkeit für den Tages- und Arbeitsrhythmus unser Organisationschaos, die Disziplinlosigkeit und geistige Unklarheit gegenüber. Statt Frustrationstoleranz zu haben, sind wir ungeduldig, statt entschlossen und konsequent zu sein, sind wir blockiert oder verbohrt. Wir vergleichen uns ständig mit anderen und denken über uns selbst wenig motivierend. Statt gelassen Vorgänge nach Priorität und Dringlichkeit zu bewältigen, geraten wir in Hektik, schieben Entscheidungen auf, lassen uns von einem überhöhten Leistungsanspruch antreiben und machen uns klein. Statt die Dinge selbstbestimmt in die Hand zu nehmen und zu unterscheiden, was wichtig und unwichtig ist, sind wir konfus und lassen uns von der Meinung unserer Freundin oder Schwiegermutter in die Enge treiben. Der Höhepunkt ist das Gefühl, ein Opfer zu sein. Das blockiert und verzerrt all unsere Lebensäußerungen.

Die einzige Antwort ist, ohne in die Tiefen psychoanalytischer Theorien zu gehen: Weil wir absolut menschlich sind.

Die Fähigkeit zur reibungslosen Bewältigung der Realität mit einem Optimum an Energieaufwand und Zeit ist eine Leistung des reifen Erwachsenen. Sie werden mir beipflichten, dass die *Bewältigung der Realität* Mehrzahl der ›Erwachsenen‹ – einschließlich mir selbst – diese Reife nicht ständig besitzt. So mancher schleppt aus seiner Entwicklung Altlasten und Mängel mit sich herum, die ihn daran hindern, diesem Idealbild zu entsprechen.

Sei weich in deiner Übung. Denk dir den Weg als einen feinen silbernen Strom. Hab Zuversicht in seinem Lauf. Er wird seine eigene Bahn gehen, mäandert hier, rieselt dort. Er findet die Rinnen, die Spalten, die Einschnitte. Folge ihm bloß. Lass ihn nie aus dem Blick. Er wird dich ergreifen.

Shengyan

Es gibt Menschen, die aufgrund schwerer Erlebnisse in der Kindheit voller alter innerer Spannungen stecken und deshalb große Probleme mit der alltäglichen Bewältigung der Realität haben. Manchmal brauchen sie professionelle Hilfe, um mit besseren Handlungsstrategien auf das Leben zugehen zu können. Jedoch ist für alle Menschen eine bewusste Form von Stress-Bewältigung oder, wie es Grossarth-Maticek formuliert, ein gutes inneres Parlament notwendig, um mit den immer komplexeren Anforderungen der heutigen Welt zurechtzukommen. Ich sehe dies durchaus positiv. Denn das Erkennen der eigenen Unperfektheit und der eigenen Grenzen bringt uns – notwendigerweise – in der Entwicklung geistiger Reife weiter.

Da der Mensch als Krone der Schöpfung mittels seines Verstandes entscheiden kann, ob er sich gegen oder für die Natur entscheidet, ist dies kein geradliniger Prozess, sondern ein lebenslanges Lernen. Da kann einem bewusst werden, dass man an der gleichen Stelle schon einmal war, die gleichen Zusammenhänge werden jedoch auf einer tieferen Ebene verstanden. Es ist wie das Abtragen von Schichten, bis man immer mehr zum eigentlichen Kern vordringt, zu dem, wozu man von Natur aus vielleicht gedacht ist. Durch das Lernen aus Fehlern und Leid entwickelt sich die Persönlichkeit.

Von Sonn und Welten weiß ich nichts zu sagen,
ich sehe nur, wie sich die Menschen plagen.
Der kleine Gott der Welt bleibt stets vom gleichen Schlag,
und ist so wunderlich als wie am ersten Tag.
Ein wenig besser würd' er leben,
Hätt'st du ihm nicht den Schein des Himmelslichts gegeben;
er nennt's Vernunft und braucht's allein,
um tierischer als jedes Tier zu sein.

Mephisto (in Goethe: Faust)

Das bedeutet, um in einem Sinn von Höherentwicklung gegenüber dem Tier menschlich zu sein, ist der Mensch dazu aufgerufen, den Geist als Kraft der Erkenntnis und des Bewusstseins zu nutzen. Denn er hat die Fähigkeit, zu denken, Sachverhalte zu überdenken und zu reflektieren.

Einsicht und bewusste Entscheidung

Heilendes für den Geist kann also nur durch Einsicht und durch eine bewusste Entscheidung für das Leben und die Aufgaben kommen, die sich im Leben stellen, was jedoch nur in Zusammenarbeit mit Körper und Seele funktioniert. Sie können sich vorstellen, dass jemand in schlechter körperlicher und seelischer Verfassung noch viel weniger Lust hat, seinen erwachsenen Aufgaben gerecht zu werden. Ein verlegter Bleistift oder eine Fliege an der Wand machen dann schon Stress.

Geistiges Stress-Management bezieht sich auf zwei Bereiche

❖ die innere Haltung und
❖ die äußere Struktur.

Innere Haltung – der Weg der Achtsamkeit

Jeder Gedanke erzeugt ein Gefühl und eine Körperreaktion. Wenn Sie also denken: »Ich bin ein Esel«, dann fühlen Sie auch so. Der Kopf ist – halsstarrig – nach unten gerichtet, Sie lassen die Schultern hängen und bewegen sich nicht von der Stelle. Deshalb heißt es nicht umsonst: Pass auf, was du denkst!

Eine der schwierigsten Aufgaben ist, unserem Geist abzugewöhnen, mit alten, sinnlosen und eingefahrenen Denkmustern auf äußere Eindrücke zu reagieren. Es wäre natürlich wunderbar, wenn wir alles kontrollieren könnten, was wir denken. Doch ganz so einfach ist die Sache nicht. Wir können uns, wie so oft, der Lösung nur indirekt nähern. Und dazu müssen wir uns unserer geistigen Grundannahmen bewusst werden.

Beobachtet man die vielen griesgrämigen Gesichter von Menschen in der Straßenbahn, so spürt man, dass gerade irgendwelche negativen Gedanken und Sorgen zum hundertsten Mal wiedergekäut werden. Manche Menschen sind ununterbrochen damit beschäftigt. Es ist einleuchtend, dass Stress-Management unter diesen Voraussetzungen kaum funktionieren kann. Damit ist nicht gemeint, immer positiv zu denken, wie das in manchen psychologistischen Schriften gefordert wird. Vielmehr gilt es, die eigenen Gedankengänge – so, wie sie gerade sind – zu identifizieren und wahrzunehmen.

Ich sehe vor mir eine Frau, die wirklich viele Schicksalsschläge hinter sich hat. Ihr steht der Satz auf die Stirn geschrieben: »Alles hängt an mir. Keiner hilft mir«.

Sie können sich vorstellen, mit welcher Ausstrahlung diese Frau durch ihren Alltag gegangen ist. Erst als ihr das bewusst wurde, kamen ihr eine Menge Ideen, wie sie diesen Satz abändern könnte, zum Beispiel:

Ich darf jemanden bitten, mir zu helfen.

Ich sorge so gut für mich, wie ich kann.

Ich mache es, so gut ich kann, den Rest lasse ich los.

Auf der folgenden Seite sind einige typische negative Gedankengänge oder Grundannahmen aufgelistet und wie sie möglicherweise in kreative Antworten auf das Leben umgewandelt werden können.

Unproduktive Annahmen über das Leben	Kreative Antworten auf das Leben
Das Leben ist schicksalhaft, man hat keinen Einfluss.	Ich gestalte mein Leben bewusst, so gut ich kann.
Man muss hart gegen sich selbst sein.	Ich gehe achtsam und liebevoll mit mir um.
Ich kann nichts dafür, wenn es mir schlecht geht.	Ich sorge für mein körperliches, seelisches und geistiges Gleichgewicht.
Ich habe Anspruch auf ein Leben ohne Probleme.	Schwierigkeiten im Leben dienen meinem inneren Wachstum und meiner Entwicklung.
Meine innere Verfassung ist meine Privatsache und beeinflusst niemanden.	Meine Art zu sein beeinflusst mein gesamtes Umfeld (›Ansteckung‹).
In der Welt gibt es so viel Negatives, kein Wunder, dass es einem schlecht geht.	Ich kann mich für meinen inneren Frieden entscheiden, egal, was um mich herum geschieht.
Es hat ja alles doch keinen Sinn, es ändert sich doch nichts.	Ich kann die Welt nicht ändern, aber ich kann mich selbst verändern.
Man muss perfekt sein, nur dann wird man anerkannt.	Ich mache es, so gut ich kann, und ich achte mich selbst.
Man muss alles unter Kontrolle haben.	Indem ich menschlich bin, können die anderen auch menschlich sein.
Man weiß nie genau, wie man es richtig machen soll.	Tu, was du willst, aber tu es mit Liebe.

Wir können uns noch so sehr vornehmen, es besser zu machen, positiver zu denken oder uns besondere Mühe zu geben, es nützt nichts. Es wird davon nicht besser, vielmehr entsteht nur noch mehr Stress. Denn durch das Aufpassen verkrampfen wir uns. Nur indem wir ohne Bewertung wahrnehmen und annehmen, was ist, ändert sich etwas. Aus der naturwissenschaftlichen Forschung weiß man, dass der Beobachter eines Versuchs oder eines Ereignisses die Situation verändert. Genau das geschieht auch im Alltag.

> Indem Sie sich dabei erwischen, wie Sie gerade wieder in gewohnter ängstlicher oder negativer Weise reagieren, können Sie das Ganze im Bewusstsein des: »Ich übe noch«, betrachten. Schon dadurch verändert sich die Situation ganz entscheidend. Sie sind nicht mehr vollends damit identifiziert. Vielleicht sagen Sie sich: »Interessant was ich da gerade wieder denke.« Das Zauberwort ist wie immer Bewusstheit.

Da fällt mir ein Mann ein, der beim Autogenen Training immer von seinen »bösen Geistern« erzählte, die ihn abends überkamen, wenn er schlafen wollte. Es waren starke Stimmen, die ihm einredeten, dass bestimmt etwas schief gehen würde oder dass von bestimmten Personen irgendwelche Katastrophen ausgehen würden. Er gewöhnte sich an, diese Stimmen genau zu betrachten und in realitätstaugliche Annahmen umzuwandeln.

Die Haltung des inneren Beobachters ist dabei besonders effektiv. Sie ist umso besser zu verwirklichen, je mehr wir in Ruhe sind. Da wir alle Defizite mit uns herumschleppen, brauchen wir Möglichkeiten, um uns selbst am Schopfe zu fassen und uns in eine ausgeglichenere, kraftvolle geistige Grundhaltung zu bringen. Denn nur ein Mensch mit einem starken Ich ist in der Lage, die eigenen negativen Stimmen zu beruhigen und in eine sinnvolle Richtung zu lenken.

Wie möchtet ihr denn euren Tee?

Ein tibetischer Weiser ist in tiefer Meditation. Da erscheinen ihm am Eingang seiner Höhle drei kriegslüsterne Dämonen. Sie lassen ihre blutigen Schwerter rasseln und dringen mit wüsten Beschimpfungen in seine Höhle ein. Der Weise lädt sie mit einem liebenswürdigen Lächeln ein, an seinem Feuer Platz zu nehmen und mit ihm Tee zu trinken. »Versetzt dich denn unser Anblick nicht in Angst und Schrecken?«, fragen die Dämonen.

»In keiner Weise«, antwortet Milarepa, der Weise. »Ich bin dankbar, dass ihr gekommen seid, denn ich befinde mich auf dem Pfad der Heilung, und euer Erscheinen gibt mir die Möglichkeit, meine Angst und meine Zweifel zu untersuchen. Kommt her und trinkt Tee mit mir, macht es euch bequem. Wie möchtet ihr denn euren Tee?«

Zen-Geschichte

Auch wenn uns jemand beleidigt, beschämt oder übervorteilt, müssen wir nicht sofort mit gleicher Kraft zurückschlagen. Manchmal ist eine Bemerkung aus der inneren Ruhe effektiver, und – die Stress-Spirale wird nicht in Gang gesetzt.

Wir brauchen dringend Techniken zur Deeskalierung. Die Menschen werden stressanfälliger und gewaltbereiter. An dieser Stelle sei die äußerst wertvolle Methode der gewaltfreien Kommunikation erwähnt, die unter anderen von Marshall Rosenberg entwickelt wurde. Langfristig wird menschliche Gemeinschaft ohne eine bewusste und stressfreie Gesprächskultur nicht möglich sein.

Die Haltung des inneren Beobachters

Diese Fragen helfen Ihnen, nicht die Nerven zu verlieren und angemessener zu reagieren.

1 Was habe ich gerade für Gedanken im Kopf?

2 Will ich aus egoistischem Wollen oder aus tiefer Überzeugung reagieren?

3 Ist mein Kopf klar oder ist meine Stirn von Sorgenfalten zerfurcht?

4 Wie viel Uhr ist es?

5 Wie ist meine Situation gerade, und kann ich daran jetzt etwas ändern?

6 Fühle ich mich gerade erschöpft, hungrig oder durstig, ärgerlich oder hilflos?

7 Muss ich jetzt sofort reagieren oder sollte ich einen Moment damit warten?

8 Wie kann ich mich selbst in diesem Moment am besten unterstützen?

Um den Geist darin zu schulen, wie er alte Verhaltens- und Denkmuster verändern und in eine klarere Bewusstheit kommen kann, sind Formen der Meditation oder Stille-Übungen sinnvoll. Auch wird dadurch eine gelassenere Haltung erreicht. So manches Unheil, dass durch zu schnelles, ›spontanes‹ Reagieren entsteht, könnte durch einen Moment des Innehaltens verhindert werden.

Jeder kann sich durch die Übung der Achtsamkeit täglich darin üben, bewusst mit sich und seinem Leben umzugehen. Im Anschluss an das nächste Kapitel erfahren Sie mehr darüber

Für alle, die immer wieder in Kollision mit ihrem Kino im Kopf geraten und die Gedanken immer um das gleiche Thema kreisen, empfehle ich, sich mehrmals am Tag die geistigen Annahmen bewusst zu machen, die dahinter liegen, und diese dann bewusst ›wiederzukäuen‹ und zu entsorgen.

Ein Seminarteilnehmer, der bei einer Versicherung arbeitete und wichtige Kunden betreute, hatte jeden Morgen auf dem Weg zur Arbeit ein flaues Gefühl in der Magengegend und eine unbestimmte Ängstlichkeit. Dahinter verbarg sich die Phantasie, er würde im Kundengespräch entscheidende Fehler machen, sodass sein Chef mit ihm nicht zufrieden sein und ihn entlassen würde.

Diese konkrete Katastrophenphantasie war ihm selbst jedoch überhaupt nicht bewusst, nur sein unangenehmes Körpergefühl. Durch das Bewusstmachen wurde ihm erst klar, womit er sich beschäftigte, und dann konnte er seine unrealistischen Befürchtungen relativieren und sich Mut machen.

Wenn Sie solche oder ähnliche Probleme kennen, eignet sich sehr gut eine Übung, die auch im Quadrinity-Prozess nach Frank Hoffman benutzt wird, um neue Reaktionsmöglichkeiten einzuüben. Wenn Sie gerade ein konkretes Problem umtreibt, dann lohnt es sich, diese Übung über eine Woche lang täglich anzuwenden.

Alte Muster kompostieren

Setzen Sie sich locker und mit möglichst geradem Rücken auf einen Stuhl und kommen Sie durch ruhiges Atmen und die Kontaktübung zu sich, zur Ruhe.

Wenn Sie ganz genau wissen, welche unnütze und inadäquate Reaktion Sie verändern möchten, dann schließen Sie die Augen und gehen mit Ihrer Vorstellung in eine aktuelle Szene, die immer wieder eine bestimmte Reaktion bei Ihnen auslöst. Lassen Sie die Bilder kommen und beobachten Sie, was in Ihrem Körper, Ihren Gefühlen und in Ihrem Denken geschieht. Da das Gehirn nicht unterscheiden kann, ob die Sache wirklich passiert oder nicht, läuft in der Phantasie alles genauso ab, wie es auch in der Realität ablaufen würde. Nur sind Sie jetzt der innere Beobachter der Situation.

Wenn Sie zum Beispiel durch einen verkrampften Bauch oder Angstgefühle merken, dass Emotionen und Körperreaktionen bei Ihnen auf vollen Touren laufen, dann gehen Sie mit Ihren Hände dorthin, wo der Körper am stärksten reagiert. Ziehen Sie mit den Händen die Spannung dort imaginär heraus und zerreiben sie so lange zwischen Ihren Handflächen, bis Sie nicht mehr können oder nichts mehr von der Körperreaktion spüren.

Halten Sie nun die Hände mit nach oben geöffneten Handflächen und stellen sich vor, in was sich die negativen Spannungen verwandelt haben. Es können Sätze kommen wie: »Immer mit der Ruhe« oder »Gelassenheit«. Dieses verwandelte Gefühl transportieren Sie nun mit den Händen langsam und bewusst hinauf bis über den Scheitel und stellen sich vor, wie es ins Gehirn eindringt und sich über den ganzen Körper ausbreitet. Wiederholen Sie dies noch ein- bis zweimal.

Danach stellen Sie sich die gleiche Situation mit dem veränderten Gefühl noch einmal vor. Es wird sehr befreiend sein zu merken, dass die alte Beklemmung weitgehend verschwunden ist. Sie sehen die Situation nun völlig nüchtern und erkennen neue Perspektiven.

Dies ist eine äußerst wirksame Technik zur inneren Wandlung. Mehrere Tage hintereinander regelmäßig bei einem Thema angewandt, verändert es Ihre Reaktionsweise in schwierigen Situationen. Sie werden sehen, dass nicht nur ein Problem verschwindet, sondern mit ihm gleich mehrere andere.

Wenn wir zunehmend Bewusstheit gegenüber dem eigenen Denken und Handeln erlangen und so immer mehr unsere Kraft entfalten, gelangen wir in einen Zustand, in dem wir keinen Stress mehr empfinden.

Ein Tipp zum Schluss

Seien Sie immer mal wieder für etwas dankbar. Sie werden stets eine Kleinigkeit finden. Engländer zum Beispiel hört man, wenn es mal wieder regnet, des Öfteren sagen: »It's a soft morning.« Sie wirken dabei sehr entspannt und ärgern sich viel weniger über schlechtes Wetter, als es anderswo üblich ist. Das erhöht ihre Stress-Toleranz.

Dankbarkeit vertreibt Sorgen,
denn dankbar und zugleich
unglücklich zu sein,
das geht nicht.

Äußere Struktur

– Wie man seine Rahmenbedingungen verbessert

Bei den Gesundheitsregeln des Altertums zeigte sich schon, dass der Mensch einen inneren Rhythmus und äußere Lebenskultur braucht. Sehr entscheidend für unsere geistige Klarheit und unser gesamtes Wohlbefinden ist eine gewisse äußere Struktur. Damit ist keine starre Ordnung gemeint, schon gar nicht für jeden Menschen die gleiche, doch gewisse Grundprinzipien gelten für uns alle.

Tagesablauf
Tagesbeginn, Tagesende, Essenszeiten, Arbeitszeiten, Freizeitgestaltung

Äußere Umgebung
Ordnung in Küche und Keller, im Wohnraum, am Arbeitsplatz, bezüglich Kleidung und Papierkram

Aktivitäten
Pflichtveranstaltungen, Familienunternehmungen, sonstige menschliche Kontakte, Hobbys

Arbeitsabläufe
Wichtiges, Unwichtiges, rationelles Arbeiten, Umgang mit Komplexität

Wie wichtig ein geordneter Tagesablauf ist, weiß jede Mutter mit Kleinkindern. Ein Leben ohne erkennbaren Rhythmus bringt auch innere Rhythmen durcheinander. Bei Menschen, die besondere Stress-Probleme haben, ist Rhythmus Grundbedingung für Gelassenheit.

Um ein aus den Fugen geratenes Alltagsleben in den Griff zu bekommen, beginnen Sie, den Tag bewusst zu nutzen. Das gilt für das Berufs-

wie für das Privatleben gleichermaßen. Stellen Sie sich vor, Sie hätten Urlaub und wollten jeden Tag intensiv und bestmöglich gestalten, so, als wäre jeder Tag ein neues Abenteuer.

> *Nicht zu wissen,*
> *dass man eine Zeitstruktur hat,*
> *ist so, als wüsste man nicht,*
> *dass man ein Herz und eine Lunge hat.*
> *In jedem Aspekt unserer Physiologie*
> *und unseres Lebens erkennen wir,*
> *dass wir der Ordnung unterworfen sind,*
> *die wir Zeit nennen.*
>
> Dr. Gay Gaer Luce

❌ Beginnen und Beenden des Tages

Bei meinen Patienten stelle ich immer wieder fest, dass ein schlecht begonnener und beendeter Tag, vor allem aber sieben schlecht begonnene und beendete Tage, die Stress-Spirale in Gang setzen. Deshalb

❖ Beginnen und genießen Sie den Tag mit einer kurzen Besinnungszeit.

❖ Beenden Sie den Tag mit einer kurzen geistigen Inventur der Tagesereignisse und bereiten Sie den Start in den nächsten Tag vor. Fragen sie sich: Was ist heute schief gegangen? Was war schön und richtig? Was machen wir morgen besser?

Die Übung dabei ist Bewusstheit. Ein kurzes Blitzlicht ist besser als langes Grübeln.

Wenn Sie etwas ändern wollen, zum Beispiel morgens besser in Gang zu kommen, dann geht das nur mit Konsequenz.

Übergeben Sie schon am Abend vor dem Einschlafen Ihrem Unbewussten den Wunsch nach einem erholsamen Schlaf und einem erfrischten morgendlichen Aufwachen. Sie werden feststellen, dass Sie nach ein paar Tagen wirklich besser schlafen und morgens besser aufstehen.

Was Essenszeiten betrifft, so erinnere ich mich an das Aha-Erlebnis einer Frau in einem meiner Stress-Seminare, die es so formulierte: »Nun habe ich diesen ganzen Stress-Kurs absolviert, um endlich zu begreifen, dass ich mittags ordentlich warm essen muss, damit ich keinen Stress kriege, das hätte ich eigentlich auch schon vorher wissen können.«

Sie war Lehrerin und überging mittags immer ihr Hungergefühl, denn es gab ja noch so Vieles zu erledigen. Das führte dazu, dass sie irgendwann ein Gefühl von innerem Abgehobensein und großer Empfindlichkeit spürte, eine typische Auswirkung eines zu hohen Adrenalinspiegels infolge von Stress, was schließlich zu einer allgemeinen Erschöpfung führte. Für sie wurde die Frage: »Was koche ich mir heute Schönes und wann esse ich in Ruhe?«, zu einer zentralen Strategie der Stress-Bewältigung. Sie fühlt sich seitdem viel wohler.

Achten Sie auf Ihren Arbeitsrhythmus, das heißt, den Tag so einzuteilen, dass Dinge von großer Dringlichkeit und Schwierigkeit zu Zeiten erledigt werden, in denen Sie in Bestform sind. Routineaufgaben werden auf Ihren toten Punkt verlegt, wie beispielsweise Bankbelege oder Erledigtes wegsortieren.

So kann das mittägliche oder abendliche Kochen bei berufstätigen Müttern oder Vätern als Ausgleich zur geistigen Betätigung angesehen werden, denn der Mensch braucht, wie wir gesehen haben, des Öfteren eine Pause oder eine Ausgleichstätigkeit. Eine intensive geistige oder einseitige Tätigkeit verlangt nach Ausgleich auf körperlicher Ebene.

Man kann diesen Ausgleich auch während der Arbeit einflechten.

❖ Gänge, die sowieso gemacht werden müssen, mit besonderem Genuss gestalten, zum Beispiel Treppen benutzen statt Fahrstühle,

❖ Statt der üblichen Raucherpause jedes Fenster als eine Gelegenheit zum Luftschnappen, Recken und Strecken nutzen.

❖ Gehen als Übung betrachten, indem Sie auf eine besonders lockere Körperhaltung und eine tiefe, bewusste Atmung achten.

Ein Kursteilnehmer berichtete, dass er ein außerordentlich gutes Körpergefühl habe, seit er Gehen nicht mehr als notwendiges Übel, sondern als Achtsamkeitstraining betrachte.

Ein Jüngling fragt seinen alten Meister:
»Meister, Ihr seid immer so ruhig und ausgeglichen,
sagt, wie macht Ihr das?«
Der Meister antwortet:
»Wenn ich esse, esse ich, wenn ich arbeite, arbeite ich,
wenn ich rede, rede ich, wenn ich zuhöre, höre ich zu
und wenn ich schlafe, schlafe ich.«
Der Jüngling erwidert:
»Aber das mache ich doch auch.«
Darauf der Meister:
»Wenn du isst, dann arbeitest du,
wenn du arbeitest, dann redest du,
wenn du redest, dann hörst du zu
und wenn du zuhörst, dann schläfst du.«

Zen-Geschichte

Auch in der Freizeit kann man heute eine Menge Stress beobachten, den Freizeit-Stress. Überzogene Ansprüche, das Vergleichen mit anderen oder das Gefühl, etwas zu verpassen, tun das Ihre. Beachten Sie bewusst die Balance Ihrer Kräfte. Und verpassen können wir immer nur uns selbst.

Ich sehe des Öfteren gestresste Männer nach Feierabend beim Joggen mit verkrampftem Gesicht, hechelnd, wie mit letzter Kraft und schweißüberströmt. Besser wäre ein strammer Spaziergang oder das *Walken*. Nur für Trainierte ist das Laufen, aber dann mit entspanntem Gesicht und ganz leicht, eine wirklich gesunde und ausgleichende Sportart. Es ist inzwischen wissenschaftlich erwiesen, dass Untrainierten eine zu starke Überanstrengung durch die Sauerstoffschuld des Stoffwechsels eine heftige Übersäuerung des Körpers beschert. Und das kostet eine Menge Mineralien beziehungsweise Basenpuffer. Der Puls sollte bei über Vierzigjährigen zum Beispiel nie 130 Schläge pro Minute überschreiten. Mit konstanter mittlerer Belastung ist ein Ausdauertraining genauso effektiv. Es kommt weniger auf die Anstrengung an, als vielmehr auf die intensive Sauerstoff- und Energieversorgung des Gewebes durch eine verbesserte Atmung.

Stress in der Freizeit

Auch Tanzen oder Haus- und Gartenarbeit sind gute Gelegenheiten zum Austoben oder Abreagieren. Ich kenne einige Menschen, die sich mit Vergnügen nach Feierabend ihre Lieblingstrommelmusik anstellen und dazu tanzen.

Der heutige Mensch lädt sich zu dem, was ihm ohnehin schon an Pflichtprogramm abgefordert wird, immer noch viel zu viel auf. Das liegt daran, dass vor lauter äußerer Bewegung die eigenen Beweggründe im Innern nicht mehr zu spüren sind. Entscheiden Sie daher bei jeder Aktivität, ob sie wirklich sinnvoll für Sie ist.

Wenn wir in meinen Seminaren auf das Thema Ordnung zu sprechen kommen, entsteht meist ein großes Gelächter. Die meisten Stress-Geplagten kennen sich bestens mit diesem Thema aus.

Leichen im Keller und andere Energiefresser

Überquellende Schreibtische, seit Jahren abgelaufene Medikamente, Haufen vergilbter Zeitschriften, Bücher, von denen Sie noch nicht einmal wissen, dass Sie sie besitzen, nie benutztes Geschirr, längst verrostete Werkzeuge, Papiere, die jeder Aktualität entbehren, alte Tüten, Pappschachteln, die Sie vielleicht mal, aber nun doch nicht mehr benutzen wollen, Kleider, aus denen Sie herausgewachsen sind und in die Sie auch mit der strengsten Abmagerungskur nie mehr hineinpassen werden, Sperrmüll, den Sie schon immer mal abholen lassen wollten und über den Sie im Keller immer drübersteigen müssen, wenn Sie an Ihre Marmeladengläser wollen und vieles mehr.

Diese Aufzählung hätte ihren Zweck erfüllt, wenn Sie jetzt auf der Stelle mit größtem Vergnügen einige Ihrer häuslichen Ladenhüter wegwerfen würden. Sie werden mit Erstaunen feststellen, wie viel Energie dadurch frei wird. Ich unterscheide hier absichtlich nicht zwischen beruflicher und privater Ordnung.

❌ Werfen Sie mal richtig was weg!

Von Büchern, die Sie schon lange nicht mehr interessieren und die Sie in den letzten zwei Jahren nicht mehr angefasst haben, können Sie sich ruhigen Gewissens trennen. Kleider, die Sie ein Jahr lang nicht angezogen haben und die wertvollen Platz in Ihrem Kleiderschrank blockieren, führen dazu, dass Sie immer wieder vor Ihrem Kleiderschrank stehen und sagen: »Ich habe einfach nichts zum Anziehen«, weil Sie vor lauter Wald die Bäume nicht mehr sehen.

Arbeit macht Spaß, wenn Arbeitsabläufe optimiert werden

Arbeit geht uns besser von der Hand, wenn wir bewusst mit unserer unbewussten Neigung zur Vermeidung und Trägheit umgehen. Susan Schenkel und Dorothee Echter nehmen in ihren Büchern auf sehr interessante Weise dazu Stellung und geben praktische Tipps.

Aus meiner Erfahrung und nach dem, was an Problemen von Patienten genannt wird, schlage ich folgendes Vorgehen vor.

Da unser Widerstand gegen alles, was nach Unbequemlichkeit und nach Arbeit aussieht, immer vorhanden ist, müssen wir uns auf die Schliche kommen und uns die Arbeit schmackhaft machen.

Ich stelle meinen Seminarteilnehmern gern folgende Frage: »Wie würden Sie ein Kind dazu bewegen, eine unangenehme Aufgabe zu erledigen?« Regelmäßig kommen dann Bemerkungen wie: »Man muss das Kind loben oder belohnen«, oder sonstige pädagogisch gemeinte Ratschläge. Mich erinnert dies immer etwas an die Affen- oder Hundedressur. Bei den meisten Kindern funktioniert das auch auf Dauer nicht. Sie selbst würden sich auch nicht besonders ernst genommen fühlen und außerdem gibt es nicht immer die Möglichkeit einer Belohnung. Manches *muss* einfach gemacht werden, und das Aushandeln einer Belohnung würde viel zu lange dauern.

Es funktioniert, wenn Ihre Bitte wirklich mit Ernst, Kraft und dem Gefühl vorgetragen wird: »Ich brauche dich jetzt.« Nehmen Sie sich dabei ernst. Eine Belohnung wird danach sicher willkommen sein, dankbar angenommen werden und fürs nächste Mal motivierend wirken. Sie sollte aber nicht als Hauptantriebsfeder dienen. Belohnen Sie sich lieber dafür, dass Sie es geschafft haben.

Für uns Erwachsene heißt das, uns selbst ernst zu nehmen und bewusst und mit unserer ganzen Kraft dazu zu stehen, dass das, was notwendig ist, auch getan wird. Wenn wir uns selbst mit besten Kräften unterstützen und Verständnis für unseren Widerstand haben, gelingen auch unliebsame Aufgaben.

Zusätzlich hilft dann die

✕ Die Trickkiste des Arbeitsmanagements

❖ **Erledigen Sie alles, was in zwei bis drei Minuten erledigt werden kann, sofort.**

Das funktioniert wirklich und ist eine große Erleichterung. Wie oft haben wir einen Zettel oder einen Gegenstand in der Hand, und legen ihn – erstmal – irgendwohin: »Das mach ich später. Später weiß ich, wo das hingehört. Später ist auch noch Zeit.«

Je komplizierter Ihr Haushalt oder Ihr Arbeitsfeld ist, desto mehr Unerledigtes gibt es. Vor allem Banalitäten blockieren Ihre wertvolle Energie. Und der freie Tag, an dem Sie »mal alles aufklaren«, der kommt sowieso nicht, weil dann gerade schönes Wetter ist, und Sie viel lieber spazieren gehen. So wachsen die Berge und die inneren Spannungen.

Ein Seminarteilnehmer berichtete über eine Akte, die seit Monaten fein säuberlich auf seinem Schreibtisch lag und die er schon gar nicht mehr wahrnahm. Sie stach ihm nach dem Seminar sofort ins Auge, und er nahm sie sich als Erstes vor. Es war eigentlich nur eine Kleinigkeit zu erledigen. Er hatte sie jedoch innerlich zu einem dicken Problem aufgebauscht, für dessen Verdrängung er mächtig viel Energie aufwenden musste. Als er die Sache erledigt hatte, fühlte er sich wie befreit und machte sich mit neuem Schwung an seine sonstige Arbeit.

Daraus wird deutlich, wie viel Energie es kostet, immer gezielt wegzuschauen. Sie werden zugeben, dass dies in gar keinem Verhältnis zu dem Aufwand steht, den es kostet, die Sache zu erledigen.

❖ **Arbeitsschritte auch mittendrin immer beenden**

Wenn Sie eine Arbeit unfertig hinterlassen, dann so, dass Sie jederzeit wieder an der gleichen Stelle einsteigen können. Heften Sie beispielsweise einen Zettel mit den nächsten Arbeitsschritten daran. Das macht zufrieden und sicher, da Sie immer sofort wissen, wo Sie stehen geblieben sind. Sie entlasten dadurch Ihr Gehirn und können die Sache loslassen. Außerdem gibt es Ihnen das Gefühl, etwas zu Ende gebracht zu haben, obwohl es noch nicht ganz fertig ist.

❖ **Werfen sie weg, wofür Sie in zwei bis drei Minuten keinen Platz finden**

Sie werden sagen, das ist völlig verrückt. Ist es nicht. Ich gestehe Ihnen zu, dass Sie vielleicht noch keine effektiven Ordnungssysteme haben, also Ordner für Garantiezettel von Küchengeräten, Familienerinnerungen, interessante Weisheiten der Welt, Zettelboxen für gesammelte Kreuzworträtsel, Gartenthemen, Autozubehör. Ich habe zum Beispiel auch einen Ich-weiß-nicht-Platz, aber auch nur einen einzigen. Jeder hat irgendwo gewisse Gerümpelecken, auch das ist erlaubt. Sie werden vielleicht einwenden, dass Sie zu den Jägern und Sammlern gehören. Dann werde ich Ihnen sagen, dass die Jäger und Sammler sehr systematische Menschen waren, die ihre Vorratskammern peinlich in Ordnung hielten. Denn sonst wäre ihnen vieles verschimmelt.

Die dringende Empfehlung zum Wegwerfen gilt natürlich nur für Menschen, die Stress-Probleme haben; viele Menschen lieben ihr Chaos und haben auch keine Probleme damit.

Bei der Informationsflut, die ich selbst täglich zu bewältigen habe, kommt mir diese Art, damit umzugehen, sehr entgegen. Außerdem hat sich gezeigt, dass einem alle wirklich wichtigen Informationen wiederbegegnen, und wenn nicht, dann waren sie auch nicht so wichtig.

❖ Planer sind hilfreich

Für alle Zettelfreunde ist ein Tagesplaner, ein Wochenplaner oder Langzeitplaner in Form eines dicken Heftes eine praktische Alternative, es sei denn, Sie haben ein erfolgreiches Zettelsystem. Ein Zeitplaner dient der Entlastung Ihres Gehirns, und Sie sind sich immer sicher, dass Sie alles, was Sie für wichtig halten, an einem festen Ort notiert haben.

Ich denke immer gern an einen Teilnehmer meines Seminars, einen kinderreichen Familienvater, der ein großes Büro mit vielen Angestellten leitete. Er hatte Probleme damit, all seine Arbeit zu organisieren und dann noch Zeit für seine Familie zu finden. Er lernte konsequent, sich zu entspannen, besser für sich zu sorgen, fing an, regelmäßig morgens zu laufen und organisierte seine Arbeit nach obigen Prinzipien.

Ein Jahr später gestand er uns in der Gruppe, dass er inzwischen alles so gut im Griff habe, dass er fast ›unverschämt‹ wenig zu tun habe. (Schallendes Gelächter) Er hatte zusätzlich die Kunst des Delegierens angewandt und fühlte sich manchmal fast schon überflüssig. Denn Vieles ging nun auch ohne ihn.

Dieser Mann hatte ein gehöriges Stück Selbstachtung und Selbst-Bewusstsein gewonnen und tief in seinem Innern verankert.

Die Kraft der Stille und des Schweigens

Es ist schwierig, über Stille zu schreiben, denn Stille kann besser erfahren werden. Stille erfährt man dort, wo es still ist, zum Beispiel in einer leeren Kirche oder dort, wo die Harmonie der Schöpfung zu spüren ist, zum Beispiel in der Natur. Dabei ist für mich die Empfindung von Natur sehr unterschiedlich. Man kann sie unter einem alten Baum mitten in der Stadt haben oder an einem Feldweg entlang einer Weide oder an einem Bach in einem Park. Meist ist die Stille in einem Park anders als in einer freien Landschaft.

> Stille ist eine Kraft, die stärker ist als ich, und die meinen Eigenwillen zum Schweigen bringt. Stille ist größer als ich selbst und kann positiv in mir wirken. Man kann sie die Energie des Kosmos nennen, die Natur, die Liebe, göttliche Energie oder einfach den inneren Lebensfluss.

Medizinisch ausgedrückt nimmt die im Alltagsleben verstärkte Aktivität des logischen Denkens ab. Dafür verstärkt sich das mehr intuitive, gefühlsmäßige Denken. Die verschiedenen Gehirnregionen kommen sozusagen miteinander ins Gespräch. Das gestresste Wachbewusstsein wird etwas gedämpft, sodass Fühlen und Denken psychologisch gesehen wieder miteinander kommunizieren. Auch der Körper darf mitreden, sodass die Ganzheit wieder hergestellt wird.

Auch stille Tätigkeiten, wie Malen, Musizieren, Gartenarbeit, Kochen oder Schreiben können diese Wirkung haben, sofern sie nicht mit Verbissenheit oder nur zweckgebunden ausgeführt werden.

Die Kraft der Stille und des Schweigens liegt in der Atmosphäre der Sammlung der inneren Kräfte. Es ist mehr eine Haltung der inneren Offenheit, aber auch des Hineinhörens in sich selbst. Das hat aber

Der Einsiedler geht wie jeden Morgen durch die Berge zum Brunnen. Er nimmt den Eimer und schöpft Wasser, als einige Touristen vorbeikommen und ihn fragen: »Was machst du hier?«

Er antwortet: »Ich schöpfe Wasser.«

»Nein, du verstehst uns falsch! Was tust du hier in den Bergen?«, erwiderten sie.

»Ich schöpfe Wasser«, blieb seine Antwort.

Die Wanderer schüttelten den Kopf und versuchten es noch einmal: »Warum lebst du hier?«

Der Einsiedler lächelte und wies auf den Brunnen: »Was seht ihr in dem Brunnen?«

Die Besucher beugten sich vor und sahen hinein: »Das Wasser ist von dem Eimer aufgewühlt und unklar. Wir sehen nichts.«

Eine lange Weile schwieg der Einsiedler und bat sie dann, noch einmal in den Brunnen zu sehen. Die Wanderer wagten einen zweiten Blick, hielten inne und einer berichtete: »Das Wasser ist ruhig geworden und glatt. Es ist so glatt, dass ich mich selbst in dem Wasser erkennen kann. Und wenn ich in die Tiefe schaue, erkenne ich den Grund.«

Der Einsiedler nickte: »Genau das mache ich hier. Ich lebe in der Stille und warte, bis in mir alles ruhig geworden ist. Dann erkenne ich mich selbst, und manchmal schaue ich in den Grund des Lebens.«

Er verbeugte sich und ging seiner Wege.

Zen-Geschichte

nichts mit egozentrischer Selbstbetrachtung zu tun, sondern ist eine Haltung des Geschehenlassens und des Loslassens. Für Menschen, die es schwer haben, ihre Kontrolle einfach so aufzugeben, spreche ich gerne vom kontrollierten Loslassen.

Kontrolliertes
Loslassen

Im Lärm unserer Welt wird es immer wichtiger, dass der Mensch sich Auszeiten der Stille nimmt. Viele Klöster, Orte der Stille und Kontemplation, bieten heute günstige Unterkünfte für Gäste, die das Alleinsein mit sich suchen. Ich selbst genieße immer wieder solche Aufenthalte zum Kraftschöpfen und Auftanken.

Im »Klosterführer« von Gerhard T. Schindler heißt es: »Individuelle und kollektive Normen haben ihre Verbindlichkeit verloren. In einem Augenblick der Umbrüche und der Suche nach neuen Werten ist es für viele Menschen hohe Zeit, einen Moment in kontemplativer Stille zu verweilen...

Die großen Weltreligionen entwickelten im Laufe ihrer langen Geschichte vielfältige Möglichkeiten des Rückzugs in die Stille, um immer wieder geistige Kraft für die Welt zu schöpfen. So unterschiedlich wie die Lehren auch sind, das Ziel ist allen gemeinsam: tiefere spirituelle Erfahrungen zu ermöglichen.«

Doch auch mitten in der Arbeitswelt und zu Hause gibt es vielfältige Möglichkeiten, kleine Stillerituale einzuflechten.

Heilende Stille-Übungen

In mir gibt es einen Raum der Stille. In ihn kann ich jederzeit eintreten, um ganz in mir zu Hause zu sein, mich ganz zu fühlen. Es gibt viele Wege und Techniken, um dorthin zu gelangen. Der Zustand tiefster innerer Sammlung ist jedoch durch keine Technik erlernbar. Wir können nur einen Ort der Stille und der Sammlung schaffen, aber, wie Anselm Grün, Benediktiner in der Abtei Münsterschwarzach, es ausdrückt: »Es ist eine Reaktion, ein Verstummen vor dem erhabenen Gott, vor dem es einem nicht nur die Sprache, sondern auch das Denken verschlägt.«

Hier geht es um die mystische Erfahrung der Stille, die in unseren heutigen Kirchen kaum noch einen Raum einnimmt, die in Klöstern jedoch gepflegt wird und dort deutlich zu spüren ist.

In meinen Seminaren zum Autogenen Training vermittele ich ganz pragmatisch verschiedene Entspannungstechniken. Trotzdem habe ich häufig selbst bei sehr nüchtern denkenden Teilnehmern Zustände von tiefstem, nicht zu beschreibendem, inneren Angerührt-sein oder tiefster Selbstbegegnung gesehen. Man kann solche Erfahrungen eigentlich nur als zutiefst heilend bezeichnen, und zwar für das rein Körperliche, das Seelische und den Geist. Dies gilt für alle meditativen Methoden.

Ich möchte hier nur Methoden vorstellen, die man nicht jahrelang praktizieren muss, um Nutzen daraus zu ziehen. Sie sind einfach und nachvollziehbar und haben sich in meiner Arbeit bewährt. Jeder mag sich daraus Anregungen für das eigene Leben mitnehmen oder die Methoden seinem eigenen Lebensstil anpassen.

In meinen Seminaren lege ich immer sehr viel Wert darauf, dass jeder seine eigene Sprache für sich selbst findet, denn nur das, was meinem Innersten vertraut ist, kommt auch bei mir an. So wird ein Saarländer andere Worte wählen, als ein Hamburger.

❌ Autogenes Training als Stille-Übung

Die Methode des Autogenen Trainings wurde 1920 von dem Nervenarzt Johannes Heinrich Schultz aus der Hypnose als Form der Selbsthypnose entwickelt. Die Methode ist als eine Vorstufe der Meditation auch heute noch außerordentlich sinnvoll, wenn man sie den Möglichkeiten des heutigen Menschen anpasst und sie als Stille-Übung sieht.

Wenn ich Menschen die Methode des Autogenen Trainings empfohlen habe, bekam ich häufig die Rückmeldung: »Das funktioniert bei mir nicht. Ich hab das mal in der Kur gemacht, da konnte ich es, aber bei mir selbst klappte es dann nicht mehr. Ich konnte die Schwere vielleicht noch herbeiführen, aber die Wärme dann nicht mehr. Und da hab ich damit wieder aufgehört.«

Für mich ist das immer ein Zeichen, dass das Wesentliche nicht vermittelt wurde, beziehungsweise der Betreffende das Wesentliche nicht in sein eigenes Leben integriert hat. Es ist ein Unding, das Autogene Training an Erfolgskriterien zu messen. Leider wird dies immer wieder gemacht. Dadurch geht die Freude am eigenen Erleben und Wachsen in der Methode verloren.

Bei der Vermittlung des Autogenen Trainings ist es mir ein Anliegen, durch das Spüren des Körpers und das Spüren des Still-Werdens den Prozess des Zur-Ruhe-Kommens mit positiven Suggestionen zu verstärken, statt sich krampfhaft mit Worten manipulieren zu wollen. Der Mensch heute hat so viele Zwänge in seinem Umfeld, dass es besser ist, mit einem Minimum an Vorgaben auszukommen.

Die Kontaktübung

Als Vorstufe zum Autogenen Training oder zur Meditation empfiehlt sich die Kontaktübung, die überall, auch mit offenen Augen und in Gesellschaft von anderen unbemerkt angewendet werden kann und die sofort eine zentrierende Wirkung hat. Danach warten Sie eine Weile, und Sie werden merken, dass sich etwas in Ihnen beruhigt. Dann können Sie sich sagen: »Ich bin ganz ruhig.«

So kann ich das Erlernen des Autogenen Trainings und ähnlicher Verfahren auch heute noch sehr empfehlen.

Diese Technik vermittele ich häufig, um neuen Seminarteilnehmern zu zeigen, dass jeder die Fähigkeit hat, sich sofort besser zu fühlen, sich zu entspannen und ruhiger zu werden.

Ich fordere die Anwesenden auf, nichts an ihrer Haltung zu verändern, sondern nur zu fühlen, wie sie gerade sitzen, wie sie atmen, ob sie sich in der jetzigen Haltung gut fühlen oder nicht, ob ihnen irgendwo etwas weh tut oder sie sonst etwas merken.

Meist kommt Unruhe auf, denn alle spüren ihre unbequeme Haltung, die vorher überhaupt nicht bewusst war. Wenn ich sie dann bitte, etwas zu verändern, damit sie sich bequemer fühlen und besser atmen können, geht ein allgemeines Zurechtrücken durch die Runde und alle machen sich breiter, atmen tiefer und sitzen gerader.

Ich fordere alle dann nochmals auf herauszufinden, ob es nicht eine Möglichkeit gibt, noch mehr Raum einzunehmen und noch besser zu atmen. Es ist erstaunlich, wie viel zur Verbesserung des eigenen Zustands dann immer noch möglich ist. Meist hat sich gleichzeitig damit auch die allgemeine Stimmung erheblich gelockert.

Als weitere Steigerung fordere ich alle auf, die Augen offen zu lassen und sich nur ein wenig auf sich selbst zu besinnen und gleichzeitig für die Umgebung offen zu sein. Wenn die Teilnehmer dabei zusätzlich den Kontakt zum Stuhl und zur Kleidung auf der Haut im Gefühl behalten, stellt sich ein großes Wohlgefühl und eine konzentrierte Stimmung ein, die viele noch nie in einem Raum mit mehreren Menschen erlebt haben.

Wenn die Teilnehmer dann anschließend für kurze Zeit die Augen schließen, um ganz in sich hineinzuschauen, ist bereits bei allen ein sehr meditativer Zustand erreicht. Nach ausgiebigem Dehnen und Strecken und Durchatmen, ähnlich der Zurücknahme beim Autogenen Training, fühlen sich alle erfrischt und präsent. Die Augen blicken wach, und es herrscht eine offene, neugierige Arbeitsstimmung.

Diese Übung kann jeder in Eigenregie an seinem Arbeitsplatz einschieben, um sich seiner selbst bewusster zu sein, sozusagen als kleines Erholungsritual.

Im Folgenden möchte ich einige einfache Möglichkeiten vorstellen, die ich in meiner Arbeit für Menschen mit besonderen Entspannungsproblemen entwickelt habe.

Stellen Sie sich vor, Sie kommen gehetzt von der Arbeit, Ihr Kopf raucht noch, alle Glieder sind von der langen Autofahrt ganz verspannt und Sie stehen so richtig unter Strom. Eigentlich wissen Sie überhaupt nicht, was mit Ihnen los ist. Die übliche Reaktion in solchen Fällen ist der Gang zum Kühlschrank und der Wunsch, erst einmal etwas zu essen, Alkohol zu trinken oder fernzusehen.

Durch die alkoholische Entspannung kommt allmählich das Gespür für sich selbst wieder, es ist jedoch nicht echt und hält deshalb – vom Vollrausch einmal abgesehen – nicht lange an. Besser sind Maßnahmen, die einen nicht einlullen, sondern klar machen. Sinnvoller ist es, sich bewusst zu machen, wie Sie sich gerade fühlen. Dies können Sie durch die Erdungsübung erreichen.

Erdungsübung

Ich nenne diese Übung auch die Bodenwälztechnik, um damit anzudeuten, dass es sich um etwas sehr Einfaches, Lustbetontes handelt, wozu es keiner besonderen Fähigkeiten bedarf, vielleicht nur einer einzigen, nämlich für einen Moment aus der Rolle als Bürovorsteher, Unternehmensberaterin, Kaufmann, Hausfrau oder Chefsekretärin auszusteigen und sich einfach auf die Erde zu legen.

Legen Sie sich so hin, wie Sie Lust haben, zum Beispiel in einer bequemen Seitenlage. Legen Sie sich so richtig an die Erde an und

lassen Sie die Luft raus. Fühlen Sie sich dabei ganz schlaff und atmen die ganze Anstrengung, Spannung und was Sie wollen mit Seufzen, Stöhnen oder leisem Pfffff aus.

Nach einer Weile werden Sie merken, dass diese Stellung nicht mehr bequem ist, und Sie nehmen eine andere ein, vielleicht zur anderen Seite oder platt auf dem Bauch. Dort machen Sie es wieder genauso, bis Sie vielleicht Lust haben, sich auf den Rücken zu legen. Meist ist dies die Endhaltung. Manche legen sich aber auch sofort auf den Rücken.

Inzwischen haben Sie vermutlich einiges in Ihrem Innern wahrgenommen: Müdigkeit in allen Gliedern, Schmerzen an bestimmten Stellen, eine tiefe Traurigkeit, vielleicht kommen Ihnen auch die Tränen und Sie wissen überhaupt nicht, wieso. Vielleicht kommt Ihnen auch ein Gedanke, der Sie wütend macht und den Sie vorher gar nicht bemerkt hätten. Vielleicht fallen Ihnen auch einige Dinge ein, die Sie noch erledigen wollten.

Auf jeden Fall werden Ihnen Ihr Körper und Ihre Seele eine Menge Informationen über Ihren momentanen Zustand geben. Das Ganze dauert vielleicht zwanzig Minuten, und danach werden Sie sich schon sehr viel besser, zumindest leichter fühlen. Oder Sie wissen jetzt wenigstens, was mit Ihnen los ist, und Sie können sich fragen: »Was könnte ich jetzt brauchen, damit es mir besser geht?«

Durch diese Übung des Kontakts mit der Erde haben Sie die Verbindung von Körper und Seele wiederhergestellt. Sie ist entscheidend für das eigene Wohlgefühl und das Gefühl für sich selbst. Sie geht im alltäglichen Stress immer wieder verloren.

Viele meiner Patienten haben diese Übung schon wie selbstverständlich in ihr Feierabendritual integriert, manche Frauen mit Stehberufen kombinieren sie mit dem Hochlegen der Beine und möchten die Übung nicht mehr missen. Offensichtlich wird es auch nicht langweilig, denn jedes Mal erleben Sie etwas Anderes, immer aber ist es eine wohltuende Erfahrung.

naram

Eine ältere Dame erlebte durch diese Übung einen sehr heilsamen Effekt auf das Gefühl für sich selbst. Sie litt immer sehr an Unruhe, nervlicher Überreiztheit und Schlaflosigkeit, als Folge einer langen Geschichte von körperfeindlicher Erziehung und Pflichterfüllung. Immer wieder verlor sie in Gesellschaft den Kontakt zu sich selbst. Sie gewöhnte sich daran, stets vor dem Einschlafen mit allem, was sie einhüllte, Kontakt herzustellen. Dadurch entstand ihr Kontakt zu sich selbst. Mehr brauchte sie nicht, um sich zu spüren.

Sie können es sich auch einfacher machen, indem Sie sich auf einen Stuhl oder Sessel setzen und nur sitzen, nichts anderes. Auch das können Sie zur Übung erklären, frei nach Loriot: »Was machst du denn?« – »Ich sitze hier.« – »Aber du kannst doch nicht nur sitzen.« – »Doch, ich will einfach nur hier sitzen.«

Viele Menschen, mit denen ich arbeite, haben einen großen Mangel an Zuversicht und Vertrauen zu sich selbst. Es fehlt ihnen Urvertrauen. Dies hat seine Ursache meist in der Kindheit. So haben Menschen der Kriegsjahrgänge als Kleinkinder auf der Flucht oft schwer überforderte Erwachsene, viel Angst und Unsicherheit erlebt.

Aber es brauchen keine großen traumatischen Erlebnisse zu sein, um das Urvertrauen eines Menschen in den Grundfesten zu erschüttern. Die Sicherheit durch Mutter oder Vater bildet im Kind normalerweise das Vertrauen des späteren Erwachsenen. Wenn es fehlt, kann man es so nie mehr bekommen. Viele Menschen versuchen vergeblich, es sich von Partnern oder Freunden ersetzen zu lassen. Das geht aber meist schief. Eine Möglichkeit, um zu einer neuen eigenen Form von Urvertrauen zu gelangen, ist die Meditation.

Folgende Meditation dient dazu, die beiden gegensätzlichen Prinzipien von Mutter und Vater in sich selbst zu vereinen, um sich so ganz zu fühlen. Ich möchte fast etwas ketzerisch behaupten, dass dieser Ersatz verlässlicher und besser ist als das, was an realen Eltern oft zur Verfügung stehen mag. Vor allem macht es unabhängig.

✖ Die Erde–Himmel–Meditation

Diese Meditationsübung eignet sich sehr gut für Menschen, die mehr visuell veranlagt sind, also gerne in Bildern denken.

Legen Sie sich nach kräftigem Dehnen und Strecken auf die Erde und stellen sich vor, wie sich unter Ihnen die Erde aus breitet, die Sie trägt. Viele stellen sich einen warmen Sandstrand oder eine Wiese vor. Nehmen Sie möglichst viel Körperkontakt mit der Unterlage auf und stellen sich vor, dass Sie mit der Erde ganz weich verschmelzen. Jeder macht das etwas anders. Wenn Sie dafür ein Gefühl haben, wird sich Ihr Körper sehr wohlig und weit anfühlen, und ein ruhiges Gefühl wird sich in Ihnen ausbreiten.

Dann breiten Sie auf die gleiche Weise die Weite des Himmels über sich aus, vielleicht die Sonne dazu, die warm auf Sie strahlt. Stellen Sie sich vor, wie in Ihnen alles noch weiter und freier wird, wie Sie sich mit dem Atem so viel Energie nehmen, wie Sie brauchen, und alles ausatmen, was Sie loswerden möchten.

Es kommt nicht darauf an, dass alle Bilder perfekt sind. Vielleicht sehen Sie überhaupt nichts, aber allein der Gedanke: »Ich stelle mir das jetzt vor«, hat eine heilende Wirkung.

Wenn Sie genug haben, dehnen und strecken Sie sich erneut und kommen wieder in die Realität zurück.

Irgendwann im Leben müssen wir wirklich selbstständig und unabhängig sein. Das heißt nicht, dass wir keinen Menschen mehr zu unserer Unterstützung brauchen, doch keine Beziehung kann wirklich funktionieren, wenn wir ständig an seelischem und geistigem Mangel leiden. Daraus entstehen bekanntlich nur Stress, Krankheit und Abhängigkeit.

Irgendwann müssen wir in der Lage sein, unsere Lebensfragen grundsätzlich selbst zu beantworten und Verantwortung für unsere Existenz zu übernehmen. Eine Möglichkeit, in sich hineinzugehen und das innere Wissen zu befragen, ist die Methode von Rossi, die ich hier lösungsorientierte Heilmeditation nennen möchte. Ich habe sie wegen ihrer Einfachheit und erstaunlichen Wirkung zu schätzen gelernt, sowohl für mich selbst wie für viele meiner Patienten.

Lösungsorientierte Heilmeditation nach Rossi

Es ist bekannt, dass wir die Kapazität unseres Gehirns nur zu einem minimalen Teil wirklich nutzen. Auch ziehen wir meist nur unser logisches Denken zu Rate. Um auch die rechte Hemisphäre zu aktivieren, kann man nach Rossi einen Trick anwenden.

Sie setzen sich mit geradem Rücken auf einen Stuhl, die Haltung, in der man gut denken kann, mit den Füßen gut geerdet. Nach kräftigem Dehnen und Strecken schließen Sie die Augen. Die Arme hängen seitlich am Körper. Heben Sie die Unterarme an, so dass sie rechtwinklig nach vorn zeigen und die beiden Handinnenflächen einander zugewandt sind, wie zwei Radarschirme auf Empfang. Schon bald werden Sie merken, dass Sie in den Handflächen etwas wahrnehmen, etwa ein Kribbeln, Wärme, ein eigenartiges Fließen oder eine Art magnetischer Anziehung oder Abstoßung oder das Gefühl eines Energieballes. Das sind ganz normale Empfindungen unserer Tiefensensibilität, die wir im Wachbewusstsein nicht so deutlich wahrnehmen.

Diese Empfindungen sind eine Leistung der rechten Gehirnhemisphäre und ein Zeichen, dass Sie sich jetzt weniger in ihrer logischen Denkstruktur befinden. Dies ist das Zeichen einer meditativen Haltung. Sie lassen nun die Hände in dieser Stellung, legen ihrem Unbewussten oder Ihrer linken Gehirnhälfte eine Frage vor,

zum Beispiel: »Was kann ich tun, damit es mir besser geht?«, und lassen das Gehirn sich nun mit dieser Frage beschäftigen, während Sie weiterhin ganz konzentriert Ihre Handflächen fühlen. Diese doppelte Aufmerksamkeit bewirkt, dass Ihr Gehirn sich wirklich ganzheitlich mit dieser Frage beschäftigt und nicht nach intellektuellen Lösungen sucht.

Zunächst bewirkt diese ungewohnte Aufmerksamkeit etwas innere Unruhe. Lassen Sie es geschehen, es ist ein Zeichen erhöhter Aufmerksamkeit im Gehirn. Nach einer Weile kommen vielleicht Bilder oder Gedanken oder ein bestimmtes Körperempfinden oder ein Gefühl oder ein Wort oder gar nichts.

Spätestens nach etwa zehn bis fünfzehn Minuten werden Sie irgendwie zur Ruhe kommen beziehungsweise keine Lust mehr haben und durch Dehnen und Strecken des Körpers zurückkommen wollen. Bevor Sie das tun, fühlen Sie noch einmal genau nach, was für Informationen Sie bekommen haben und bitten Ihr Innerstes, auch nach der Meditation die Frage in der Zuversicht weiter zu verfolgen, dass Sie einen Weg finden werden.

Es ist sehr interessant, was für Reaktionen kommen, zum Beispiel: »Ich habe gemerkt, dass ich noch viel mehr atmen möchte«, oder: »Ich muss jetzt mehr Geduld mit mir haben.« Auch wenn gar keine konkreten Hinweise kommen, ist es ein ganz einfaches Ritual, um zur Ruhe zu kommen.

Diese Übung eignet sich besonders für Menschen, die sich nicht so gut auf sich selbst konzentrieren können und etwas in der Hand haben möchten.

Achtsamkeit – Meditation in Bewegung

Es ist nicht notwendig, immer völlig in die ruhige Haltung zu gehen. Auch in Bewegung ist es möglich, zur Ruhe und zu sich selbst zurückzukommen, zum Beispiel bei einem Spaziergang. Spätestens nach einer halben bis einer Stunde kommt der Geist zur Ruhe. Die Probleme sind dann schon nicht mehr so drängend.

Achtsamkeit ist eine Übungspraktik des Zen und der Zen-Meditation, die etwas sehr Einfaches meint. Egal, ob Sie sitzen, stehen, gehen, arbeiten oder sprechen, bewerten Sie nicht das, was Sie gerade tun oder was ein anderer tut, nehmen Sie es nur wahr als so seiend. In unserer westlichen Welt ist dies nicht üblich, denn wir sind gewohnt, ständig zu bewerten: Das ist gut. Das ist schlecht. Der oder die ist nett. Die oder der ist blöd. Man kann das Nicht-Bewerten geradezu als Entspannungstechnik anwenden. Ich nutze sie als Dauerübung während meiner Seminare. Es führt dazu, dass Menschen, so verschieden sie seien, wunderbar harmonieren, weil das Andere anders sein darf.

Ein andere Aspekt von Achtsamkeit ist das Beachten des eigenen Körpers während einer Tätigkeit. Es kann die langweiligsten Tätigkeiten interessant machen, wenn Sie einmal darauf achten, wie Sie etwas machen.

Ich nutze zum Beispiel die Achtsamkeitsübung bei unliebsamen Tätigkeiten oder an besonders anstrengenden Tagen. Indem ich genau darauf konzentriert bin, nicht ob, sondern wie ich das schaffe, ist mein Geist wach, neugierig und hat eine andere Beschäftigung, als sich Sorgen zu machen.

All dies sind jedoch nur geistige Hilfskonstruktionen und der Versuch einer Beschreibung. Jeder muss seine eigenen Erfahrungen damit machen und auswählen, welche Wege er oder sie beschreiten möchte, um in eine innere Harmonie zu gelangen.

Vor einiger Zeit kam ein Mann wegen nervöser Darmprobleme in meine Praxis. Wegen eines ständigen inneren Drucks und innerer Unsicherheit hatte ich ihm eine Stille-Übung empfohlen, die er einmal ausprobieren wollte. Einige Zeit später kam er wieder und sagte: »Wissen Sie, das Sitzen ist nichts für mich, ich muss raus in die Natur gehen, dann geht es mir sofort besser.« Da er ein konkretes Problem hatte, das er gerne klären wollte, forderte ich ihn auf, sich vorzustellen, dass er in diesem Moment und mit dem Wohlgefühl in der Natur sei, das er damit verbinde. Er konnte sich diesen Zustand sofort vorstellen und mit Hilfe »seiner Natur« auch selbst sein Problem lösen.

Für diesen Mann war Natur der Anker für sein Gefühl der Ganzheit. Und darum geht es. Wie wir dieses Ziel erreichen, ist gleichgültig.

So kam ein etwas grau aussehender Mann zu mir in die Praxis mit der Bemerkung, er sei immer so erschöpft und könne seine Arbeit kaum noch schaffen. Auf Nachfrage äußerte er, seine Beziehung sei unbefriedigend. Er bekomme von seiner Frau zu wenig Zuwendung. Ich fragte ihn: Trinken Sie genug? Essen Sie regelmäßig und in Ruhe? Sorgen Sie für genug Schlaf und für Entspannung? Alle Fragen wurden verneint. Bei der Frage: »Was tun Sie für sich selbst, damit Sie sich wohl fühlen?«, war sein Gesicht ein großes Fragezeichen.

Der Irrtum vieler Menschen besteht darin, dass sie meinen, in einer Beziehung all das zu bekommen, was ihnen zum Glücklichsein fehlt. Meist funktioniert dies auch in der ersten Zeit des Verliebtseins so perfekt, dass diese Illusion stark genährt wird. Aber diese Phase hört irgendwann auf, und oft schauen sich die Partner dann wie zwei hungrige Wölfe an. Sie werden sich böse, weil einer die Wünsche des anderen nicht mehr erfüllt.

Die unangemessenen und überhöhten Erwartungen an das Leben, das ja, wie die Reklamebilder vorgaukeln, immer unbeschwert und glücklich sein muss, haben schlimme Folgen. Der Alltag wird nicht mehr ertragen. Wenn dann noch eine übergroße Arbeitsbelastung dazukommt, driftet die Schere zwischen der Realität und der eigenen Vorstellung von der Realität so weit auseinander, dass eine große innere Dauerspannung entsteht. Stress ist die Folge.

> Wenn ich in mir keine Freude und kein Glück habe, kann ich es auch mit niemand teilen!

Auf die Frage, wonach sich die Menschen am meisten sehnen, kommen Antworten wie: Liebe, Zuwendung, Anerkennung. Dies sind jedoch nur die vordergründigen Aspekte einer größeren Sehnsucht, die dahinter liegt, und das ist die Sehnsucht nach Ganzheit.

Wenn wir achtsam leben,
werden wir herausfinden,
wie wir die Sorgen
und das Leid in uns
verwandeln können,
damit Verstehen,
Mitfühlen und Lieben
in uns erblühen können.

Thich Nhat Hanh

Stress-Management in besonderen Situationen

Wut, Trauer, Angst und Co.

Ich möchte im Folgenden einige Sonderfälle des Lebens erwähnen, in denen uns der Stress vielleicht über den Kopf wachsen könnte, vor allem in Krisenzeiten. Das sind Wendezeiten, in denen vielleicht gleich mehrere Säulen der Persönlichkeit wackeln, weil sich beruflich oder privat zu viel auf einmal verändert. Die innere Sicherheit ist dann in Gefahr und das eingeschliffene oder erwartete Verhalten taugt nicht mehr. Diese Zeiten der Verunsicherung verlangen einen besonders achtsamen und liebevollen Umgang mit uns selbst.

Grundsätzlich ist das beschriebene System zur Stress-Bewältigung zwar ›extremtauglich‹ und an den schwierigen Wechselfällen des Lebens geprüft, doch möchte ich hier einige Zusätze machen.

Es gibt belastende Situationen im Leben, die uns seelisch so sehr aus dem Gleichgewicht bringen, dass wir meinen, aus bestimmten Gefühlen einfach nicht mehr herauszukommen. Wenn dann noch Anforderungen von außen an uns gestellt werden, denen wir uns angemessen stellen müssen, nimmt der Stress überhand. Meist sind diese schwierigen emotionalen Zustände mit dem Gefühl der Ohnmacht verbunden, in denen uns vielleicht die Kontrolle zu entgleiten droht. So sehr wir uns auch bemühen, dass es anders wird, als es gerade ist, umso schlimmer reiten wir uns hinein. Gute Ratschläge wie: »Ist doch nicht so schlimm«, oder: »Mach dir nichts draus«, sind da wenig hilfreich.

Die eindeutigen und gesunden Gefühle von Wut oder Ärger, Trauer und Angst sind zwar nicht immer angenehm, jedoch berechtigt und weniger problematisch. Schwieriger ist der Umgang mit den Gefühlen von rasender Wut, festsitzendem Groll, tiefer Deprimiertheit und beherr-

Selten ist der reale Ärger über etwas der wahre Grund unserer Wut

schender Panik, denn dabei handelt es sich um sehr starke Emotionen. *Emovere* ist das lateinische Wort für herausbewegen. Es ist tatsächlich so, dass bei heftigen Gefühlsbewegungen die Gefühle regelrecht aus dem Körper explodieren. Der Körper ist in einem hoch erregten Zustand, fast wie im Rausch. Das Denken ist nicht mehr ganz klar. Wichtig ist, hier möglichst schnell wieder zur Besinnung zu kommen, also Sinne und Sinn walten zu lassen. Häufig herrscht das egozentrische Wollen. Man kann es sogar Verbohrtheit nennen. Gekränkter Stolz oder Gefühle der Ohnmacht geben uns die vermeintliche Berechtigung für diese heftigen Emotionen, die jedoch selten fruchtbar sind und nichts Gutes bewirken. Wer tief in diese Zustände abdriftet, kann unter Umständen den Realitätskontakt verlieren. Dann ist der Weg zurück nicht leicht.

Ich beschreibe diesen Mechanismus gern anhand der Migräne, bei der es ebenfalls darum geht, den *Point of return* nicht zu verpassen, ähnlich dem Punkt vor einem Wasserfall im Flusslauf, der durch Stopp-Schilder gekennzeichnet ist und an dem man sein Boot noch umlenken kann. Wenn man diesen Punkt verpasst, kommt man an den *Point of no return*, und dann kann man lenken, so viel man will, es wird gefährlich. Menschen, die Schwierigkeiten mit Emotionen haben oder leicht in

Emotionen geraten, sollten also wie bei Schritt Eins des Höchste-Not-Programms möglichst frühzeitig die Diagnose stellen: »Achtung, gefährlicher Gefühlsrausch. Bitte nicht abdriften, sondern sofort umlenken und Vorkehrungen treffen.

Schalten Sie also rechtzeitig Ihr Bewusstsein ein für das, was da gerade abläuft. Kommen Sie rechtzeitig ins nüchterne Denken und Fühlen. Das bedeutet nichts Anderes als Ihre Ganzheit wiederherzustellen.

Gleichgültig, um was für eine Situation es sich auch handelt, halten Sie inne, nehmen Sie wahr, akzeptieren Sie, auch wenn es schwer fällt, nehmen Sie Körperkontakt auf, denken Sie an den Kontakt der Füße mit der Erde und betrachten Sie die Angelegenheit ganz nüchtern. Selbstverständlich gelingt das nicht immer. Wir sind menschlich und machen Fehler. Entscheidend ist, dass Sie zumindest im Nachhinein herausbekommen, warum Sie sich so erregt haben. Selten ist der reale Ärger über etwas der wahre Grund unserer Wut. Meist hat dies etwas mit alten Erfahrungen aus der Kindheit zu tun, die in uns ein Gefühl von Ohnmacht, Angst, Verletzung oder Scham verursachen. Machen Sie sich klar, dass Sie inzwischen nicht mehr dieses Kind sind. In einer gelassenen Grundhaltung gelingt dies am besten. Je öfter wir die Haltung der Gelassenheit üben, desto routinierter erkennen wir unsere Fallgruben und können stattdessen liebevoll für uns selbst sorgen. Nüchternheit und Achtsamkeit sind im Umgang mit Emotionen die wichtigsten Werkzeuge.

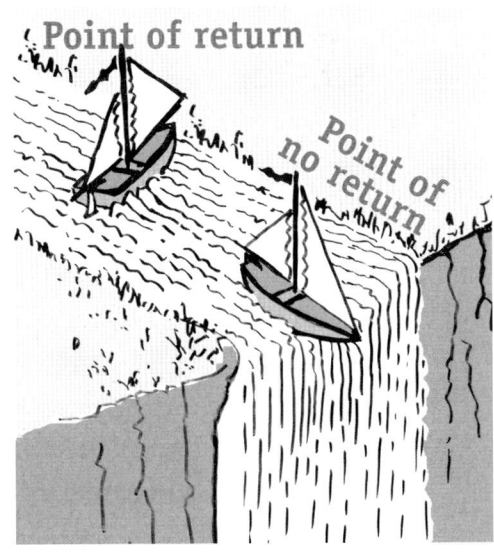

Die Wut

*Ein gewisser Ludwig van B. schrieb aus Wut über
einen verlorenen Groschen ein Klavierstück gleichen
Namens. Doch die ganze Zeit lag der verlorene
Groschen unter seinem Klavier.*

Das Schneiderlein

*Weißt du, wie sich das tapfere Schneiderlein dem
wütenden Angriff des Einhorns entzog? Er trat etwas
zur Seite.*

Bert Hellinger

In einer Gruppe habe ich einmal Meinungen zum Thema Nüchternheit gesammelt. Dabei wurde deutlich, dass viele darunter etwas Gefühlloses, Kaltes verstehen. Aber das ist nicht die eigentliche Bedeutung des Wortes. Nüchternheit ist viel eher ein sehr klarer, leiser Zustand, in dem der Mensch im Besitz aller Verstandes- und Gefühlskräfte ist, ein Zustand, der angenehmer und facettenreicher ist, als allgemein angenommen, und die Möglichkeit zur Umkehr in andere Gefühlszustände immer erlaubt.

Thich Nhat Hanh empfiehlt im Umgang mit Wut oder anderen schwierigen Gefühlen, diese zu umarmen, wie die Mutter es mit ihrem Kind tun würde, und zwar so lange, bis wir uns beruhigt haben. *Kommen Sie sich auf die Schliche!* Das Problem ist, dass viele Menschen sich selbst geradezu hassen. Eine erschreckende Feststellung, die jedoch wahr ist. Da die meisten Menschen als Kinder nicht so geliebt wurden, wie sie waren und wie sie es gebraucht hätten, haben sie nicht gelernt, sich selbst zu lieben. Ich möchte Ihnen hiermit schmackhaft machen, dies zu tun. Lieben Sie sich selbst!

Üben sie immer wieder, die Identifizierung mit dem Gefühl aufzugeben, auch wenn es schwer fällt. Dann kann man immer noch die Wut und den Ärger rauslassen. Thich Nhat Hanh empfiehlt, solche Gefühle zu verdauen beziehungsweise in sinnvolle Gefühle und Handlungen zu verwandeln. Denn häufig hat das Herauslassen der Gefühle den Effekt, dass man sich erst richtig hineinsteigert.

Kommen Sie sich auf die Schliche! Dann können Sie Ihre Gefühle gegenüber dem Verursacher immer noch angemessen zu Wort kommen lassen, ohne sich selbst oder den anderen dabei zu verletzen. Ziehen Sie sich einen Moment zurück, sorgen gut für sich und forschen genau nach, wie es zu dem Zustand gekommen ist. Was hat Sie in solch heftige Gefühle gebracht? Bei überbordenden Emotionen ist Gehen eine große Hilfe. Sie haben wahrscheinlich schon einmal die Erfahrung gemacht, dass nach einem Spaziergang von einer halben Stunde die Wut verflogen ist. Gehen kann man auch im Zimmer als aufmerksames Gehen im Kreis. Einfach einen Schritt nach dem anderen tun. Auch das Niederschreiben von allem, was in einem ist, kann erleichtern und klären. Sie werden intuitiv das Richtige tun, wenn Sie dazu bereit sind, mit sich selbst bewusst umzugehen und sich selbst zu steuern.

Auch Trauer und deprimierte Stimmungen sind normale Gefühlszustände, wenn in eine traurige Situation nicht der gesamte Weltschmerz vergangener Jahrtausende eingeflochten wird. Achten Sie auf solche Herunterzieher.

Sicher könnte man manchmal am Leid der Welt fast verzweifeln, wenn man in den Nachrichten die Schicksale von Erwachsenen und vor allem Kindern in Kriegen, durch politische Unterdrückung oder Armut verfolgt. Es ist gut, darüber Schmerz zu empfinden. Eine Möglichkeit ist, diesen Schmerz in der Meditation abzugeben, gute Gedanken zu schicken, etwas konkret Helfendes zu tun oder mit Menschen zu sprechen. Dumpfe Deprimiertheit fühlt sich jedoch anders an. Darin ist fast immer Aggression gegen sich selbst und gegen andere enthalten. Und die nützt niemandem. Meist sind Sie dann in einem typischen seelischen Hungerzustand, da Sie sich emotional vernachlässigt haben. Tun Sie etwas für sich, auch wenn's schwer fällt, zum Beispiel könnten Sie sich wohlig in die Badewanne legen, ein warmes Fußbad nehmen, einen Spaziergang machen oder einen aufbauenden Text hören oder lesen.

Auch Angst ist ein normales Gefühl, mit der die Natur uns ausgestattet hat, um uns vor Gefahren zu schützen. Achten Sie also Ihre Angst, auch wenn Sie Ihnen unbegründet und lästig erscheint. Es könnte sein, dass Sie dadurch auf sich selbst aufmerksam gemacht werden. Wenn ein Kind Angst hat, hat es auch keinen Sinn, wenn irgendwer daherkommt und ihm weismachen will, die Angst sei unbegründet. Aber der realistische Umgang mit der Angst nützt einem Kind sehr: prüfen, überprüfen, was im schlimmsten Fall passieren könnte, Hilfestellung geben, und wenn dann noch Angst bleibt, durch die Angst begleiten. Als Erwachsene ist es unsere Aufgabe, dies mit uns selbst zu tun, uns durch das Handeln hindurch zu begleiten und zwar immer im Jetzt.

Ich beobachte immer wieder, dass nur wenige Menschen sich selbst Vater oder Mutter sind, geschweige denn, sich vorstellen können, wie das geht. Preußische Erziehungsideale mit der Maxime des Durchhaltens und Zähne-Zusammenbeißens haben tiefe Spuren hinterlassen. Das Problem ist nur, dass wir so, wie wir mit uns selbst umgehen, auch mit anderen umgehen.

Ich denke oft an eine junge Frau, die das Durchhalten um jeden Preis auf ihre Fahnen geschrieben hatte und für die eine Menge Stress-Probleme zum normalen Lebensgefühl gehörten. Ihr kleiner Sohn war ihr bislang immer sehr distanziert begegnet und pflegte lieber den Kontakt zu seinem Vater. In dem Maße, wie sie ihre eigenen bedürftigen und ängstlichen Seiten liebevoll annahm und besser für sich sorgte, kam ihr Sohn auf sie zu.

Viele Menschen sind vollkommen in ihrer eigenen Negativität gefangen. Sie sehen ständig schwarz und schüren jede negative Erwartungshaltung. Sie leiden unter ständiger Existenzangst.

Ähnlich wie beim Thema Depression haben wir als Erwachsene jedoch grundsätzlich die Wahl, uns für das halb volle oder das halb leere Glas zu entscheiden. Sie könnten sich zum Beispiel sagen, dass Ihr Leben im Moment zwar schwer ist, sie aber immerhin in der Lage sind, dieses Buch zu lesen, dass auch die schwierigsten Gefühle nie von Dauer sind und dass Sie genug zu essen haben und keine Bomben fallen.

Ich erinnere mich an eine Frau, die sich bezüglich der Zukunft seit Jahren in düstersten Phantasien erging. Zum Teil waren sie berechtigt. Sie befürchtete, dass ihr Mann seine Arbeit verlieren würde und sie dann nicht mehr wüsste, wie sie die in Ausbildung befindlichen Kinder und die gesamte Familie durchbringen sollte. Sie hatte vor lauter Sorgen eine Menge Gesundheitsprobleme. Wir entwarfen einen Krisenplan zur Alltags-

bewältigung, und sie kam immer besser zurecht. Nach Jahren fragte ich sie, wie es Ihrem Mann mit seiner Arbeit gehe. Sie entgegnete, durch Umstrukturierungen seien neue Verhältnisse eingetreten, sodass niemand entlassen werden musste.

Es ist legitim, wenn Ihnen das Entscheiden für das »halb volle Glas« nicht immer leicht fällt. Nehmen Sie wahr und gestehen sich zu, dass Ihre derzeitige Stimmung so ist, wie sie ist, und dann gehen Sie in klassischer Weise vor: Diagnose stellen und lösungsorientiert handeln. Indem Sie zum Beispiel auf Ihre Uhr schauen, orientieren Sie sich wieder an Ihrem Tagesrhythmus und können im Hier und Jetzt etwas tun, was Sie aus Ihrem Stimmungstief herausbringt. Allein ein kurzes Telefonat kann schon hilfreich sein.

Ich kann mich
für die Vergangenheit schuldig fühlen
und vor der Zukunft Angst haben,
aber nur in der Gegenwart kann ich handeln.

Abraham Manslow

Ich bin kein Optimist,
denn ich bin nicht sicher, dass alles gut enden wird.
Ich bin aber auch kein Pessimist,
denn ich bin nicht sicher, dass alles schlecht ausgehen wird.
Ich bewahre einfach die Hoffnung
in meinem Herzen.

Vaclav Havel

Mit den Nerven am Ende
- im Zustand völliger Erschöpfung

Viele Patienten suchen mich auf, weil sie sich mit ihren Kräften am Ende fühlen. Häufig sind jedoch bestimmte Krankheiten der Anlass, wie zum Beispiel chronische Infekte, Schlafstörungen, Allergien, Verdauungsstörungen, um nur die harmloseren zu nennen.

Meist steckt hinter diesen Symptomen eine jahrelange Überforderung und die Gewohnheit, permanenten über die eigene Grenze zu gehen. Dann stellt sich die Frage, ob man spezielle Hilfe braucht oder sich allein wieder ins Lot bringen kann.

Bevor Sie irgendwem die Schuld an Ihrem Elend in die Schuhe schieben, ist es besser, eine Inventur ihrer Lebenskräfte zu machen. Was geben Sie aus, was nehmen Sie ein?

Gehen Sie zum Kapitel über den Körper zurück und überprüfen, wo Ihre Defizite liegen: Schlafmangel? Zu wenig frische Luft? Essverhalten? Wenig Wasser getrunken? Kein Tages- und Arbeitsrhythmus? Zu wenig Pausen? Zu viel um die Ohren? Keine Besinnung? Zu viel Alkohol, Kaffee, Tee, Zigaretten, Arbeit? Keine Bewegung? Zu wenig an sich selbst gedacht? Und vor allem: Was für Gedanken im Kopf?

Und dann verschreiben Sie sich eine maßgeschneiderte Kur für zu Hause. Sie können sich zum Beispiel folgende oder einige der im Kapitel über den Körper beschriebene Wiederbelebungsmaßnahmen – verbindlich für zunächst eine Woche – vornehmen und dabei auf jedes Zuviel und jedes Zuwenig achten.

Gehen Sie die folgende Aufstellung durch, aber setzen Sie sich nicht unter Stress.

❖ Suchen Sie sich die Vorschläge aus, die zu Ihnen und Ihrem Leben passen.

❖ Wählen Sie das, was für Sie auch realistischerweise durchführbar ist.

❖ Wählen Sie den genauen Zeitraum aus, für den dieses Maßnahmen gelten sollen.

❖ Wenn es schief geht, kein Grund zum Verzweifeln, am nächsten Tag wieder damit anfangen.

❖ Nehmen Sie es als Übung und mit Humor.

Eine einwöchige Kur für zu Hause könnte zum Beispiel so aussehen:

❖ keinen Alkohol, Kaffee, schwarzen Tee

❖ zumindest zwei regelmäßige und gesunde Mahlzeiten pro Tag

❖ viel frisches Obst und Gemüse von guter Qualität

❖ viel reines Quellwasser und warmen Kräutertee trinken

❖ früh ins Bett

❖ Spazieren gehen an der frischen Luft

❖ Entspannungsbad am Abend, Sauna o. ä.

❖ keine geistige Arbeit spät abends

❖ kurze Morgenmeditation

❖ kleine Besinnung am Abend mit kurzer schriftlicher Inventur

❖ menschliche Kontakte überprüfen

❖ Ordnung in dem Raum schaffen, der mir zur Zeit am wichtigsten ist (Küche, Schlafraum, Keller, Arbeitsplatz, Kinderzimmer)

❖ Ordnung schaffen im mir wichtigsten Bereich (Kleider, Papierkram, Marmeladengläser, Gartengeräte, Geldangelegenheiten)

❖ lästigste Pflichten vom Hals schaffen oder erledigen

❖ Beziehungspausen beziehungsweise Auszeiten nehmen

❖ Hilfe annehmen, zum Beispiel für den eigenen Haushalt

Vielleicht verlängern Sie Ihre Kur, zumindest teilweise von Woche zu Woche. Haben Sie sich erst einmal daran gewöhnt, fallen Ihnen gewisse Verzichte auch längerfristig nicht mehr so schwer. Vielen Menschen konnte ich durch diese Form der Selbstfürsorge eine grundsätzliche Veränderung des Umgangs mit sich selbst schmackhaft machen. Vielleicht haben Sie Lust? Das Leben könnte zu einem einzigen Abenteuer werden, ohne dass Sie den Himalaya besteigen müssen und dabei viel Geld ausgeben.

Nächtliches Kindergeschrei

Die frühe Säuglingsphase ihrer Kinder ist für viele junge Familien mit viel Stress verbunden, vor allem aber für die Mütter, insbesondere, wenn sie alleinerziehend sind. Zur Umstellung im gesamten Ablauf des Alltags kommen die hormonelle Umstellung und das Stillen hinzu, das bei allen tief beglückenden Erfahrungen auch Kräfte kostet. Die Mutter wird empfindlich, unruhig, und die Stimmung sinkt.

Man muss wissen, dass Kinder, je kleiner sie sind, eng mit der Stimmung der Mutter verbunden sind. Das Kind spiegelt sozusagen den seelischen Zustand der Mutter oder der Eltern wider. Ist die Mutter unbekümmert und froh gestimmt, so ist es das Kind auch. Ist sie niedergedrückt und nervös, dann ist das Kind zum Beispiel quengelig. So ungern Mütter das wahr haben wollen, es ist so. Ist die Mutter erschöpft und unruhig, kann das Kind des Nachts häufig aufwachen. Auch wenn sich überfürsorgliche Mütter völlig von ihren Kindern abhängig machen oder umgekehrt der Kontakt immer nur flüchtig ist und es an wirklicher Zuwendung mangelt, kommt ein Säugling nachts nicht zur Ruhe. Im einen Fall aus Abhängigkeit, im andern aus Mangel.

Auf diese Weise kann ein Teufelskreis in Gang kommen. Noch mehr Schlafdefizit führt dazu, dass die Mutter noch labiler und noch mehr innerlich abwesend ist, was noch mehr Unruhe und noch mehr nächtliches Aufwachen verursacht, wodurch das Schlafdefizit immer weiter steigt.

Hier helfen nur Klarheit, Konsequenz und liebevolle Nüchternheit weiter. Auch ein Säugling versteht am Klang Ihrer Stimme ganz genau, was Sie sagen. Wenn Sie klar sind, dann können Sie auch schon einem Säugling von sechs oder sieben Monaten vermitteln, dass Sie nachts nicht fünf Mal aufstehen können. Sie könnten zum Beispiel liebevoll wiederholen: »Ich bin ganz müde. Ich muss schlafen. Und du musst auch schlafen.«

❌ Eine bewährte Vorgehensweise

Legen Sie sich die ersten Nächte neben das Kind, aber nehmen Sie es nicht zu sich, sondern sagen Sie ihm nur, dass Sie da sind und dass Sie schlafen müssen, weil Sie müde sind. Das Kind wird erst sehr wütend sein und vielleicht eine Weile schreien. Da Sie aber da sind, ist das keine Notsituation, sondern eben nur Wut. Und die ist in Ordnung. Wenn das Kind das nächste Mal aufwacht, wiederholen Sie das Gleiche. Es wird wahrscheinlich nur noch reichlich meckern, aber verstehen, worum es geht. In der nächsten Nacht wird es schon viel besser gehen, und nach drei Nächten weiß Ihr Kind Bescheid. Es dankt Ihnen morgens mit bester Laune. Diese oder eine ähnliche Vorgehensweise hat sich inzwischen vielfach bewährt und wirkt äußerst entlastend.

Ich beschreibe dieses Beispiel hier so detailliert, da ich mit Sorge wahrnehme, dass sich heute viele junge Mütter aus falsch verstandener Mutterliebe von Kindern abhängig machen und sich terrorisieren lassen, was sie den Kindern jedoch mit Ablehnung und Strenge heimzahlen. Da sie sich selbst in ihren Bedürfnissen nicht ernst nehmen, werden sie dann auch von den Kindern nicht ernst genommen. So entsteht die Hass-Spirale. Und jeder weiß, wie viel Stress entstehen kann, wenn der Familiensegen schief hängt.

Schlimm ist, wenn auch noch behauptet wird, dass die Kinder daran schuld sind. Kinder brauchen Sicherheit, Zuwendung und Grenzen und zwar genau im richtigen Maß. Das ist ein täglicher Seiltanz, aber man kann ihn lernen. Holen Sie sich professionelle Hilfe, wenn Sie mit Ihrem Kind Probleme haben. Es ist keine Schande, Probleme zu haben, aber eine Schande, nichts dagegen zu tun. Im Gegensatz zu der Zeit vor dem zweiten Weltkrieg gibt es heute viele Hilfsangebote. Und es ist sinnvoller, die Probleme zu lösen, die Eltern mit einem Kind im Säuglingsalter haben, als zu warten, bis daraus die noch viel größeren Probleme eines Jugendlichen werden.

Geben Sie deshalb Ihre Fähigkeit, mit Stress und Spannungen gut umzugehen, ruhig schon mit der Muttermilch weiter. Denn Ihre Kinder sind die Stress-Geplagten von morgen, wenn sie keine Chance hatten, in einer liebevollen und Halt gebenden Umgebung aufzuwachsen. Dabei müssen Sie nicht perfekt sein sondern nur gerade gut genug. Ihre Kinder werden es Ihnen danken.

Wenn Beziehungen nicht funktionieren

Beziehungen gehören nicht gerade zu den einfachsten Dingen der Welt, und dies gilt umso mehr, je näher und enger eine Beziehung ist. Ein ins Wanken geratenes Rollenverständnis von Mann und Frau, die hohe Erwartung an eine erfüllte Beziehung und die zunehmende Komplexität der Aufgaben im Leben.

Nach Michael Lukas Moeller tragen folgende Parameter zu den heutigen Beziehungsproblemen bei:

❖ Die psychosoziale Beschleunigung (Life-Changing-Units). Die Frage ist, wie viel Innovation kann ein Mensch pro Zeiteinheit überhaupt vertragen?

❖ Es treffen ganz verschiedene Lebensgeschichten sehr eng aufeinander, ohne dass Menschen sich dessen bewusst sind. Während sich Ehepaare früher an klaren Rollen orientieren konnten und weniger Rücksicht auf ihre Bedürfnisse nahmen, besteht heute ein großer Anspruch, den Partner zu verstehen, der jedoch oft genug nicht ausreichend eingelöst werden kann.

❖ In der Leistungsgesellschaft geht es meist um zielgerichtetes Handeln und das bekommt in seiner Ausschließlichkeit Beziehungen sehr schlecht, denn die Menschen haben heute viel weniger geruhsame Momente.

❖ Vielfach existieren keine angemessenen Vorbilder. Die heutigen Erfahrungen mit Beziehungen sind relativ jung.

❖ Seit wir das Fernsehen haben, reden wir nicht mehr miteinander.

Auch beim Thema Beziehung werden wir damit konfrontiert, wie kompliziert das Leben ist, doch sollten wir ganz einfach werden und das heißt: menschlich. Da wir davon ausgehen können, dass es auf dieser Welt niemanden gibt, der uns erretten oder uns alle Wünsche erfüllen kann, sind wir selbst dafür verantwortlich, wie wir für unser eigenes inneres Gleichgewicht sorgen. Unter dieser Voraussetzung werden Beziehungen nicht mit Lasten überfrachtet, die sie nicht tragen können. Manchmal ist es ein schmerzhafter Prozess, dieser Tatsache ins Auge zu blicken. Denn wie gerne hätten wir einen Versorger oder seelischen Fütterer. Das hieße jedoch einzuräumen, dass wir hilflos sind. Und das ist, wie Sie inzwischen wissen, einfach nicht wahr. Also dann doch lieber etwas für sich tun und die Versorgererwartung liebevoll zu Grabe tragen. Das kann sehr befreiend sein.

Eine Frau, die lange allein erziehend gewesen war, lebte in einer neuen harmonischen Beziehung mit einem Mann. Da erwischte sie sich dabei, wie sie von ihrem Partner auf einmal ganz viel erwartete, ohne genau zu sagen, was. Wenn sie zum Beispiel keine fürsorgliche Unterstützung bekam, und sei es nur bei einem Problem mit ihrem Computer, fühlte sie sich enttäuscht und hilflos. Sie sandte eine ständige Erwartungshaltung aus, was ja die sicherste Art ist, um genau das nicht zu bekommen, was wir möchten. Als ihr das bewusst wurde, konnte sie diese Sehnsucht, liebevoll versorgt zu werden, als altes Muster aus der Kindheit identifizieren, ihren Wunsch ansprechen und in angemessener Form ausdrücken. Auf diese Weise verlor das alte Muster seine Macht und sie fühlte sich schlagartig nicht mehr hilflos.

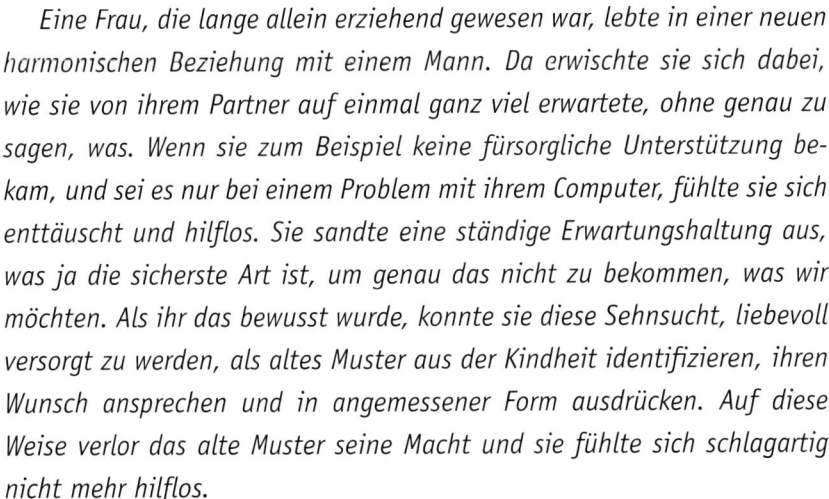

Auch wenn wir meinen, *nichts* zu haben, so haben wir doch immer alles, was wir brauchen. Wir nehmen es nur nicht wahr. Wir sind wie abgeschnitten von unseren Gefühlen für uns selbst. Auch wenn Sie meinen, dass Sie erst geliebt werden müssen, um lieben zu können, lieben Sie zur Not ›aus der leeren Tasche‹. Seltsamerweise wird die Liebe dadurch mehr und Sie bekommen genau das, was Sie schon immer wollten.

Auch wenn es uns schwer fällt zu akzeptieren und auszuhalten, das Leben besteht nun einmal aus Phasen der Fülle und Phasen der Leere. Letztere gehen aber umso schneller vorüber, je weniger wir uns dagegen sträuben. Kommen Sie immer wieder zu sich selbst zurück, finden Sie in Ebbephasen einen Sinn in Ihrer eigenen Existenz und verfolgen Sie eigene Ziele. Erkennen Sie sich selbst, und kommen Sie sich ohne Verbissenheit auf die Schliche. Durch Wiederherstellen der eigenen Kräfte in der Stille der Meditation und in der Natur können Sie sich wiederfinden.

James Redfield weist immer wieder auf den gerade in Paarbeziehungen so zerstörerischen Energieklau hin. Er bezeichnet damit die oft geübte Unsitte, den Anderen in die eigene schlechte Stimmung hineinzuziehen, damit man selbst nicht damit allein ist. Man erleichtert

Zerstörerischer Energieklau in Paar- beziehungen

sich auf diese Weise von eigenen inneren Spannungen und der Andere spürt plötzlich ein Stimmungstief, das mit ihm rein gar nichts zu tun hat. All dies kann wunderbar getarnt oder als gut gemeint deklariert werden. Die einzige Lösung ist hier absolute Ehrlichkeit bezüglich der eigenen Stimmungen und Erwartungen gegenüber dem Partner.

Vermeidung von Beziehungs-Stress ist eine Lebensaufgabe, die dann gelingen kann, wenn Menschen sich als Ganzheit erleben, wie zwei Inseln, die im Ozean der Südsee liegen und friedliche Handelsbeziehungen haben. Je nach Jahreszeit hat der eine oder die andere mal mehr oder weniger zu bieten. Auf dem Weg zu dieser Idealvorstellung können viele Jahre sinnvoll vergehen. Wir machen dabei die Erfahrung persönlichen Wachstums.

Das Bewusstsein vorausgesetzt, dass auch zwischen den nächsten Menschen unendliche Fernen bestehen bleiben, kann ihnen ein wundervolles Nebeneinanderwohnen erwachsen, wenn es ihnen gelingt, die Weite zwischen sich zu lieben, die ihnen die Möglichkeit gibt, einander immer in ganzer Gestalt und vor einem großen Himmel zu sehen.

Rainer Maria Rilke

Ausblick

Vom Handeln aus der inneren Ganzheit

Am Anfang wurde die These aufgestellt, es gebe kein anderes Mittel gegen Stress als die Ganzheit von Körper, Geist und Seele. Das möchte ich nun im Bild eines starken Anti-Stress-Gespanns zusammenfassen. Es beinhaltet alle inneren Instanzen, die notwendig sind, um im Besitz der gesamten kreativen Ich-Kräfte zu sein und sie auch zu nutzen.

Im Zentrum steht unser innerer Erwachsener. In einem Kreis um den Erwachsenen herum stehen die Instanzen Geist, Inneres Kind, spirituelle Führung und das Gefühl. Das Inneres Kind wird durch den Körper repräsentiert. Ihre spirituelle Führung wird durch eine imaginäre Figur ähnlich dem inneren Beobachter repräsentiert. Diese vier unterstützen, beraten und geben Ihre Zustimmung zu allem, was der Erwachsene tut und der tut nichts, was Körper und Gefühl nicht bejahen können und wozu der innere Beobachter nicht seine Zustimmung geben würde. Sie werden merken, allein die Tatsache, dass Sie Ihre inneren Instanzen um Rat bitten, verändert schon Ihre innere Haltung und Handlungsweise.

Stellen Sie sich eine konkrete Handlung vor, bei der Sie von Ihren vier starken Beratern kreativ unterstützt, gehalten und seelisch genährt werden. Probieren Sie es aus. Sie werden erstaunt sein.

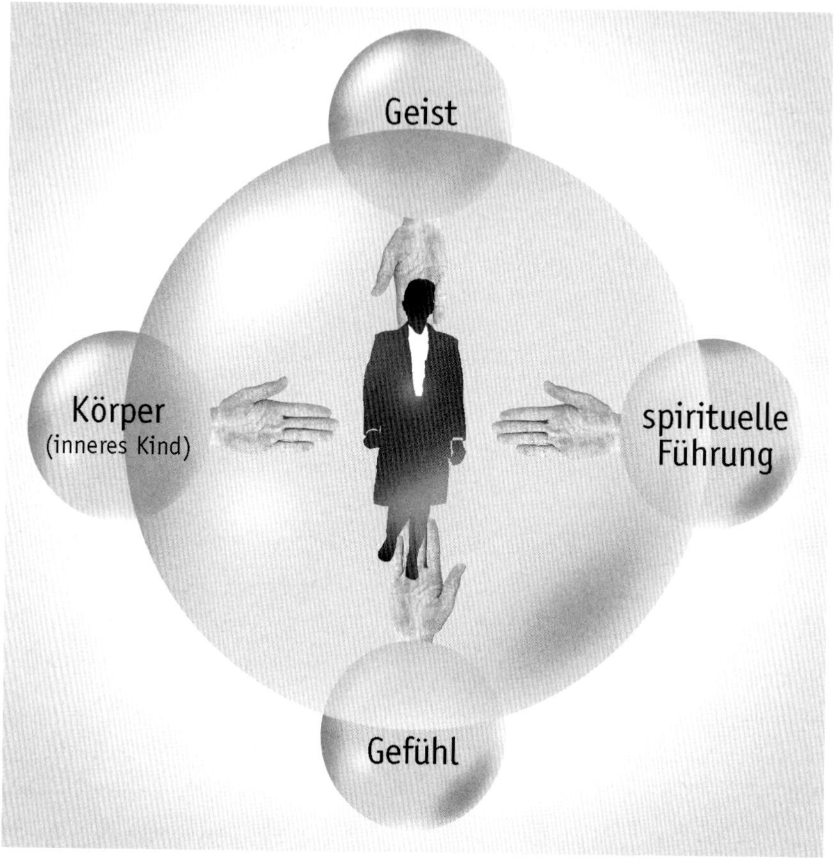

Geist

Körper
(inneres Kind)

spirituelle
Führung

Gefühl

Das Anti-Stress-Gespann

Auf diese Weise ausgerüstet, dürften Ihre Vorhaben gelingen und Sie werden sich nicht so leicht im Stress verlieren. Wenn Sie genau nachspüren, werden Sie im Körper und in Ihrer Haltung eine innere Aufrichtung feststellen. Sie haben dann nicht mehr das Gefühl, hilflos und allein zu sein und gewinnen dadurch eine andere Ausstrahlung. Statt aus dem kleinen Ich oder dem aufgeblasenen Ego handeln Sie nun aus Ihrem Selbst. Und das besitzt die ganze wertvolle Kraft Ihrer Persönlichkeit.

Umgang mit dem inneren Schweinehund

Da ich annehme, dass es den Schweinehund in früheren Zeiten als durchaus nützliches Tier gegeben hat, sollten wir unserem eigenen Schweinehund doch zumindest ein wenig Aufmerksamkeit widmen.

Meine Beobachtungen mit meinem eigenen Schweinehund bestätigen mir durchaus seine Nützlichkeit: So warnt er mich immer vor Angelegenheiten, die ich nicht so gerne in Angriff nehme, die aber gut für mich sind und die mir, wenn ich sie erledigt habe, ein ungeheures Gefühl von Befriedigung verschaffen, mehr sogar als Aufgaben, die mir ganz leicht von der Hand gehen. Und je netter ich zu mir selbst bin, desto netter ist mein Schweinehund zu mir.

Der menschliche Widerstand, wie er in der Psychologie genannt wird, ist so alt wie der Mensch selbst, und wir müssen immer mit ihm rechnen. Sie sind sicher nicht so naiv zu glauben, Sie könnten alles, was Sie sich zum Beispiel an Neujahr vorgenommen haben, ein Leben lang durchhalten.

Beschäftigen Sie sich ein wenig mit Ihrem inneren Widerstand und lernen Sie ihn kennen. Es kann sehr amüsant sein, was dabei herauskommt. Wo gibt es bei Ihnen typische Aufgaben, die Sie partout nicht gerne erledigen, aus einem Grund, den Sie vielleicht gar nicht einmal (mehr) wissen?

Kinder, denen man immer gesagt hat: »Lass das! Tu das nicht! Komm her! Geh weg! Hol mir das!«, aber durchaus auch Kinder, die sehr verwöhnt worden sind, werden Menschen mit vielen Widerständen. Und damit stehen sie sich nur zu oft selbst im Weg.

Auch im Umgang mit unserem inneren Schweinehund erfordert es eine Entscheidung für uns selbst, am besten in der klassischen Weise: Annahme, Fürsorge, Entscheidung, Handlung – und zwar im Heute.

Verstehen Sie also Ihre Widerstände und gehen Sie fürsorglich mit sich um. Ihr Schweinehund wird dann nicht so hartnäckig reagieren und Ihnen werden vordergründig unangenehme Vorhaben leichter fallen. Das

verbessert nachhaltig Ihr Lebensgefühl. Dann wird es Ihnen zum Beispiel gelingen, ihre Entscheidung, morgens zehn Minuten früher aufzustehen, sich kurz auf den Tag einzustimmen und ein liebevoll zubereitetes Frühstück zu sich zu nehmen, auch in die Tat umzusetzen. Und das hat entscheidende Auswirkungen auf Sie und Ihren Tag.

Sinn statt Stress

Das Empfinden von Stress hängt weitgehend davon ab, ob ich eine Situation oder eine Tätigkeit als sinnvoll betrachte oder ob etwas einfach nur eine lästige Pflichtübung ist.

Mir fällt dazu das Beispiel einer älteren Frau ein, die viele Jahre unter immer neuen, teils unerklärlichen Beschwerden litt. In der Medizin gibt es dafür die Diagnose der vegetativen Dystonie, eine Mischung aus seelischen und körperlichen Symptomen wie zum Beispiel Unruhe, Schlafstörungen, Ängste und eine allgemeine Überempfindlichkeit äußeren Reizen gegenüber.

Bei dieser Frau waren es besonders der Rücken und die Krampfadern, die sie plagten. Als ihr hoch betagter Mann hinfällig wurde, übernahm sie mit großer Hingabe seine Pflege. Sie war stärker belastet, als je zuvor, und kam fast gar nicht mehr aus dem Haus, da ihre Präsenz ständig erforderlich war. Trotzdem ging es ihr in dieser schweren Zeit besser als zuvor, auch wenn viel Traurigkeit und Abschied in der Luft lagen. Sie berichtete, dass sie die Pflege ihres Mannes jetzt als ihre Aufgabe annehme, auch wenn es nicht einfach sei, den Tatsachen ins Auge zu sehen. Durch die viele pflegerische Arbeit war sie abends völlig erschöpft und schlief entsprechend gut. Und durch das viele treppauf und treppab gehen hatten sich auch ihre Beinbeschwerden gebessert. Für Ängste und sonstiges Unwohlsein war einfach kein Platz mehr. Sie handelte nur noch im Heute.

naram

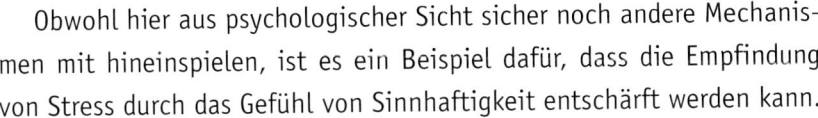

Obwohl hier aus psychologischer Sicht sicher noch andere Mechanismen mit hineinspielen, ist es ein Beispiel dafür, dass die Empfindung von Stress durch das Gefühl von Sinnhaftigkeit entschärft werden kann.

Die heutige Betonung des Materiellen und die oberflächliche Betrachtung der Welt haben ihren Preis, nämlich den Mangel an tieferer Sinnerfüllung. Jedoch bedeutet dies nach Joachim Ernst Berendt nicht unbedingt, dass die Menschen nur noch nach Materiellem streben, im Gegenteil:

Was die Moderne kennzeichnet, ist nicht ihre Antireligiosität und ihr Rationalismus, sondern ihre ungeheure Sehnsucht nach Transzendenz. Wer das noch glaubt, schürft zu flach. Meinungsforscher haben berechnet: Spirituelle Menschen werden im Lauf des 21. Jahrhunderts das geistige Klima bestimmen – etwa so, wie zu Anfang des 20. Jahrhunderts die Technik und das mechanistische Denken und heute Medien und Kommunikation dies tun. Charakteristisch ist, dass Kommunikations- und Managementtrainer auf der so genannten mittleren Ebene in den Firmen von Industrie und Wirtschaft die Suche und Sehnsucht nach Spiritualität als überwältigend bezeichnen.

Den Sinn kann man in einem äußeren Rahmen finden, man kann ihn aber auch in sich selbst finden. Viele Menschen, die auf der Suche nach einem höheren Sinn sind, treibt es heute vermehrt zu Sekten und religiösen Gruppierungen. Dabei ist jedoch Vorsicht geboten, denn vielfach herrscht dort große moralisch-seelische Enge und Abhängigkeit, die sich gerade auf junge Menschen verheerend auswirken kann. »Wenn Spiritualität pervertiert wird«, so schreibt Joachim-Ernst Berendt in seinem Buch »Das Leben, ein Klang«, »tendiert sie dazu, sich als Religion – oft als Sekte – zu konkretisieren, fast könnte man sagen: zu materialisieren. Sie begibt sich damit auf den Weg der Trennung vom Sein, obwohl sie sich doch dem Eins-Sein und der Sehnsucht nach ihm verschreibt.«

Leise Menschen
leise Freundschaften
stille Worte
stille Zeichen
übertönen
lautstarkes Gerede
lautstarkes Getue
überdauern
Kurzlebigkeit
großer Versprechungen
leerer Gesten

Sollte ich
von Zeit zu Zeit
müde werden
sage nichts
dann habe ich
etwas Wichtiges
irgendwann
irgendwo verloren
lass mich dann
in Ruhe allein
suchen gehen
wach
werde ich zu dir
zurückkommen

Bickel

Die Religionen bilden nur den Mantel der Spiritualität, denn im Grunde haben alle Religionen das zum Gegenstand, was Karlfried Graf Dürckheim als das Numinose bezeichnet, also das, was unermesslich und nicht vorstellbar ist. Vielmehr sollten wir uns mit dem göttlichen Prinzip in uns selbst verbinden und nicht verzweifelt im Außen suchen.

In der Meditation oder im Gebet, je mehr dies aus dem tiefsten Innern kommt, kann man das Gefühl von Eins-Sein erfahren. Für viele Menschen ist es ein normales Lebensgefühl, ohne dass sie sich dessen bewusst sind. Es ist ein tiefes **Das Eins-Sein erfahren** Gefühl von Verbundenheit und Liebe zu sich selbst und allem, was uns umgibt. Leider sind wir wegen der Lautheit der Welt zu selten in diesem Gefühl. Und das macht uns stressanfällig.

Das heißt, es muss in uns und um uns erst leiser werden, damit wir diesen Sinn spüren, nämlich das, was Dichter und schöpferisch tätige Menschen schon immer viel besser auszudrücken wussten, wie nebenstehendes Beispiel zeigt.

Es bleibt jedem Menschen selbst überlassen, welchen Sinn er für sein Leben findet. Kein Sinn ist besser als ein anderer, denn jeder Mensch hat in diesem Leben eine andere Aufgabe und andere Möglichkeiten. Entscheidend ist, dass der Sinn mit dem eigenen Leben zusammenpasst. Tun Sie das, was getan werden muss, mit möglichst großer Aufmerksamkeit und Liebe. Es mag noch so unbedeutend sein. Dies ist die einfachste Art, allem einen Sinn zu verleihen und Sinn für sich selbst zu finden, wie es Beppo Straßenkehrer in »Momo« so anschaulich beschreibt. Denn dadurch erfährt es seinen Sinn.

In diesem Zusammenhang möchte ich das Gedicht »Desiderata« zitieren. Es wurde 1927 von Max Ehrmann verfasst, einem Juristen, der lieber Dichter sein wollte. Erst später wurde es in der St. Paul's Kirche in Baltimore durch Weitergabe nach dem Schneeballprinzip bekannt und berühmt.

Desiderata

Gehe ruhig und gelassen durch Lärm und Hast und sei des Friedens eingedenk, den die Stille bergen kann. Stehe, soweit ohne Selbstaufgabe möglich, in freundlicher Beziehung zu allen Menschen. Äußere deine Wahrheit ruhig und klar und höre anderen ruhig zu, auch den Geistlosen und Unwissenden; auch sie haben ihre Geschichte. Meide laute und aggressive Menschen, sie sind eine Qual für den Geist. Wenn du dich mit anderen vergleichst, könntest du bitter werden und dir nichtig vorkommen; denn immer wird es jemanden geben, größer oder geringer ist als du. Freue dich deiner eigenen Leistungen wie auch deiner Pläne. Bleibe weiter an deinem Weg interessiert, wie bescheiden auch immer. Er ist ein echter Besitz im wechselnden Glück der Zeiten. In deinen geschäftlichen Angelegenheiten lasse Vorsicht walten; denn die Welt ist voller Betrug. Aber nichts soll dich blind machen gegen gleichermaßen vorhandene Rechtschaffenheit. Viele Menschen ringen um hohe Ideale; und überall ist das Leben voll Heldentum.

Sei du selbst, vor allen Dingen heuchle keine Zuneigung, noch sei zynisch, was die Liebe betrifft; denn auch im Augenblick aller Dürre und Enttäuschung ist sie doch immerwährend wie Gras. Ertrage freundlich gelassen den Ratschluss der Jahre, gib die Dinge der Jugend mit Grazie auf. Stärke die Kraft des Geistes, damit sie dich in plötzlich hereinbrechendem Unglück schütze. Aber erschöpfe dich nicht mit Phantasien. Viele Ängste kommen aus Ermüdung und Einsamkeit. Neben einer heilsamen Selbstdisziplin sei freundlich mit dir selbst. Du bist Kind Gottes genauso wie die Bäume und Sterne; du hast ein Recht, hier zu sein. Und, ob es dir bewusst ist oder nicht, es besteht kein Zweifel, das Universum entfaltet sich wie vorgesehen. Darum lebe in Frieden mit Gott, was für eine Vorstellung du auch immer von ihm hast. Was auch immer deine Arbeit und dein Sehnen ist, erhalte dir den Frieden mit deiner Seele in der lärmenden Wirrnis des Lebens. Mit all der Schande, der Plackerei und den zerbrochenen Träumen ist es dennoch eine schöne Welt. Strebe behutsam danach, glücklich zu sein.

Ehrmann

Das Prinzip Selbsthilfe in Gruppen

Das Prinzip Selbsthilfe ist in Deutschland noch nicht sehr alt. Die ersten Selbsthilfegruppen kamen in den fünfziger Jahren aus den USA nach Deutschland zu dem bis dahin brisantesten Thema, nämlich dem Alkoholismus. Das Programm der zwölf Entwicklungsschritte der AA (Anonyme Alkoholiker) hat seitdem auch zu anderen Themen große Verbreitung gefunden.

Es gibt täglich neue Selbsthilfegruppen zu verschiedenen Themen, vor allem zu verschiedenen Krankheitsbildern der Medizin, und auch im Bereich Paarbeziehungen sind Selbsthilfegruppen im Entstehen.

Diese Selbsthilfebewegung ist aus unserer heutigen Zeit nicht mehr wegzudenken, da das Leben immer komplexer wird und man nicht immer den Fachmann findet, der alle Probleme zu lösen weiß. Auch entwickelt sich die Medizin zu einer Wissenschaft, die oft an den eigentlichen Lebensproblemen der Menschen vorbeigeht. Gesundheitsforschung wird nur sehr zögerlich betrieben.

So entsteht aus Not auch immer etwas Gutes. Denn das Fehlen eines Experten bringt Menschen automatisch in den Zustand größerer Selbstverantwortung und Eigeninitiative. Und was sollte daran schlecht sein?

Ein Kreis von Menschen birgt in sich grundsätzlich schon heilende Aspekte, und die Möglichkeit, sich mit anderen auszutauschen, sich mitzuteilen, ist äußerst sinnvoll. Manchmal ist das Bewusstsein, Hilfe und Unterstützung von anderen zu brauchen, bereits heilsam, denn es führt aus der eigenen Gehirnmühle und Isolation hinaus.

Selbsthilfegruppen bieten jedoch keine Erfolgsgarantie. Sie sind so wie die Menschen, aus denen sie bestehen. Der Geist einer Gruppe, die Achtung und das Prinzip der Gleichheit sind dafür entscheidend. Dieses Buch kann als Ideensammlung, Anregung und Orientierungshilfe zum Erfahrungsaustausch in Selbsthilfegruppen zum Thema Stress-Bewältigung dienen.

Ich habe inzwischen angeregt, dass nach der Teilnahme an meinen Intensivseminaren zur Stress-Bewältigung die Gruppe Interessierter als Selbsthilfegruppe weitergeführt wird. Diese Anregung wurde bereits aufgenommen. Zu genaueren Vorschlägen für die Struktur und den konkreten Aufbau einer Selbsthilfegruppe nehme ich gerne gesondert Stellung. Eine grundsätzliche Schulung zu diesem Thema bieten meine Intensivseminare.

Diesem Buch liegt das Prinzip der Hilfe zur Selbsthilfe zugrunde

Diesem Buch liegt deshalb ausdrücklich das Prinzip Hilfe zur Selbsthilfe zugrunde.

Die Vergangenheit loslassen – der Intuition folgen – im Heute leben

Viele Menschen leben im Stress, weil sie noch so viel Unverarbeitetes aus der Vergangenheit mit sich herumschleppen. Sie befinden sich in Ihrer Vorstellung mehr in der Vergangenheit als im Jetzt. Deshalb können sie sich gar nicht auf das konzentrieren, was vor ihnen liegt. Schwere seelische Schmerzen aus der Kindheit können lähmend sein oder alte Gefühle von Hass, Trauer, Mutlosigkeit und Ohnmacht, vielleicht auch nagende Schuldgefühle oder das Gefühl, alles falsch gemacht zu haben. Hinderlich kann aber auch einfach die Gewohnheit sein, an dem festzuhalten, was man schon lange kennt, weil bestimmte Menschen einem immer eine bestimmte Ansicht ›eingehaucht‹ haben, wie: »Ich bin immer ein Versager gewesen, also bleibe ich es auch.« Wer solche oder ähnliche Stimmen aus der Vergangenheit in sich hört, kann unmöglich optimistisch in die Zukunft schauen oder glücklich im Heute leben.

Es gibt für den Umgang mit psychischen Altlasten kein Patentrezept und bei manchen Problemen ist sicher fachlicher Rat wichtig. Aus meiner Erfahrung in der praktischen Arbeit hilft jedoch in vielen Fällen folgende Herangehensweise.

Als Menschen sind wir, im Gegensatz zum Tier und zu der Pflanze, dazu prädestiniert, Fehler zu machen und die Fehler anderer abzubekommen. Das heißt, auch ohne es zu verharmlosen, dass wir von Natur aus offensichtlich so ausgestattet sind, damit umgehen zu können. Die Natur, zu der wir ja gehören, will, dass wir die Anlagen, die wir haben, bestmöglich zum Ausdruck bringen. Deshalb ist es unsere Aufgabe, das Beste aus dem zu machen, was wir und wie wir sind.

Es gibt im Leben immer die Möglichkeit, das Rad noch einmal umzudrehen und in eine ganz andere Richtung zu lenken. Oft reicht auch schon eine kleine Kurskorrektur. Wir könnten an uns selbst und an anderen Wiedergutmachung leisten. Und wiedergutmachen können wir nur in der Gegenwart, also heute. Wenn Sie zum Beispiel bisher aus Schuldgefühlen zu viel für andere getan und sich selbst dabei völlig vergessen haben, dann fangen Sie jetzt mit der Frage an: »Was möchte ich oder was kann ich für mich tun, damit ich mich jetzt besser fühle?«

Wie immer sollten wir uns selbst achten und unsere Verwundungen und Unvollkommenheiten mit Achtsamkeit behandeln. Wir könnten uns auch fragen, wie wir wohl in unserem ganzen So-Sein gewollt sind.

Und vielleicht hilft es Ihnen, wenn Sie sich klar machen, dass eine gute Selbststeuerung nicht nur Ihnen zugute kommt. Denn jede Friedensarbeit in der Welt beginnt mit der Versöhnung in uns selbst. Im Zen gibt es das geflügelte Wort: »Du sitzt nicht allein, der ganze Kosmos sitzt mit dir.« Das meint, wenn wir in die innere Stille gehen, hat das positive Folgen für alles um uns herum.

Sie werden einen ganz neuen Blick bekommen und merken, dass nicht mehr Ihre gesamte Energie durch die Beschäftigung mit altem Kram blockiert ist. Ab und zu dürfen Sie und sollten Sie sich sogar Zeit und Muße nehmen, um diese alten Zeiten abzutrauern, die so genannte Regression im Dienste des Ich, ein Rückzug, um wieder einen Schritt nach vorn zu gehen. Jeder Mensch braucht immer wieder solche Räume des inneren Rückzuges. Sie werden feststellen, dass Sie auf diese Weise

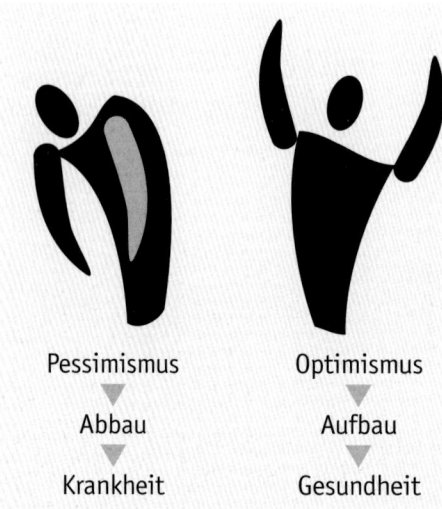

Pessimismus ▼ Abbau ▼ Krankheit

Optimismus ▼ Aufbau ▼ Gesundheit

immer mehr Mut bekommen, sich zu zeigen, wie Sie sind. Das gibt neue Kraft. Kraft zur Aufrichtung, die auch in Ihrer Körperhaltung sichtbar wird.

Viele chronisch kranke Menschen hadern mit ihrem Schicksal. Bei Menschen, die dafür offen waren, habe ich jedoch erlebt, dass Krankheit auch äußerst positive Effekte auf das Leben und auf die Persönlichkeit des Menschen haben kann. Bei diesen Menschen habe ich häufig eine große innere Reifung und eine ganz neue Sinngebung des Lebens erlebt. Aus meinem eigenen Leben kann ich dies nur bestätigen. Je mehr wir zu unserer wahren Identität vordringen, desto mehr neigen Krankheiten dazu, sich zu verflüchtigen.

So kann das, was vordergründig ein großer Schicksalsschlag ist, zu einer positiven Schubkraft für das eigene Leben werden. Nehmen Sie das Problem an und sehen es als Herausforderung.

Wie schon im Kapitel über die Kraft der Stille erläutert, ist es sinnvoll, der eigenen Intuition zu folgen. Auch wenn Ihnen immer jemand weismachen will, dass Sie dies tun oder jenes lassen sollten, horchen Sie ganz tief in sich hinein. Da ist vielleicht zunächst nur eine sehr leise Stimme, die aber immer deutlicher wird, je mehr Sie darauf hören. Sie wird sich wie die Puppe in der Geschichte »Vasalisa, die Weise« von Clarissa Pinkola Estes heftig melden, wenn Ihnen etwas zweifelhaft vorkommt. Folgen Sie ihr, denn wenn für Sie etwas nicht stimmt, dann ist es eben nicht stimmig, auch wenn andere das nicht so sehen. Trauen Sie sich, individuelle Lösungen zu finden. Niemand muss Sie verstehen, Sie müssen nur sich selbst verstehen.

einfach werden

fühlen

sich Zeit lassen

still werden

Ich-weiß-nicht-Gefühle aushalten

gelöst bleiben

Achtsamkeit, Konzentration, Zielorientierung

Geduld haben

warten können

Lösungen kommen, wenn die Zeit reif ist

Auf diese Weise werden Sie immer besser zu sich selbst finden und erkennen, wer oder was wie und zu welcher Zeit zu Ihnen passt oder nicht passt.

Trauen Sie sich, nicht perfekt zu sein und nicht von allen geliebt zu werden. Sie können es entweder sich selbst oder anderen recht machen. Manchmal hilft auch der Satz von Wilhelm Busch: »Ist der Ruf erst ruiniert, lebt es sich ganz ungeniert.« Vielleicht werden Sie einige Richtlinien für Ihr eigenes Stress-Management festlegen, wie zum Beispiel keine Telefonate mehr zu Zeiten zu führen, die Ihnen nicht angenehm sind, und keine Begründung dafür abgeben zu müssen; keine Veranstaltungen zu besuchen, die Ihnen nicht gut tun; eine Beziehungspause von ein paar Tagen einzufordern, damit Sie wieder zu sich selbst finden können und keine Rechtfertigung dafür zu geben.

Vertrauen Sie darauf, dass Sie Ihre großen Probleme der Zukunft lösen werden, wenn Sie das Leben in Einheiten von einem Tag bewusst leben.

Achte gut auf diesen Tag,
denn er ist das Leben –
das Leben allen Lebens.
In seinem kurzen Ablauf
liegt alle Wirklichkeit
und Wahrheit des Daseins,
die Wonne des Wachsens,
die Größe der Tat,
die Herrlichkeit der Kraft. –
Denn das Gestern ist nichts
als ein Traum
und das Morgen
nur eine Vision.
Das Heute jedoch
– recht gelebt –
macht jedes Gestern
zu einem Traum voller Glück
und jedes Morgen
zu einer Vision voller Hoffnung.
Darum achte gut auf diesen Tag.

Sinnspruch aus dem Sanskrit

Eine Vision für die Zukunft

Mit dieser Überschrift möchte ich mich den Worten von Wolf E. Büntig anschließen, der über heilende Visionen schreibt: »Im Brockhaus ist sich die wissenschaftliche Welt einig, dass das Wort Vision eine einzige Bedeutung hat, nämlich die Schau Gottes, das Gesicht, die erleuchtende Eingebung, und es ist in der Zeit der New-Age-Inflation modern geworden, jede kreative Idee, jeden guten Gedanken schon als Vision zu bezeichnen. Es tut mir leid, dass ich da mitwirke.« Weiter heißt es, dass Vision aber auch Traum heißen kann, in dem Sinne, wie Martin Luther King sagte: »I had a dream«.

Damit kann ich mich gut identifizieren. Seit einem halben Jahrhundert, meinem eigenen Lebensalter, verändert sich Gott sei Dank das Bewusstsein unserer Welt. Das naturwissenschaftliche Zeitalter mit seiner rein rationalen, mechanistischen Denkweise geht zu Ende und es beginnt allmählich das ökologische Zeitalter, in dem sich systemisches Denken sowie ein Bewusstsein für Ganzheit und Spiritualität entwickeln.

Ich möchte deshalb das Stress-Problem unter dem Aspekt von Entwicklungschancen untersuchen. Da wir gesamtgesellschaftlich gesehen eher noch mehr Beschleunigung und Stress bekommen werden, kann man nur davon ausgehen, dass der Mensch dadurch etwas lernen soll.

Wir sind zwar lernfähig und werden uns sicherlich noch eine Weile weiter anpassen können, jedoch ist mir als Biologin und naturheilkundlich denkender Ärztin bewusst, dass diese Anpassungsprozesse der Evolution viel zu langsam sind und mit dem technologischen Fortschritt nicht Schritt halten können. Unsere menschliche Entwicklung muss vielmehr in eine andere Richtung gehen. Längst kommen heute bahnbrechende Erkenntnisse über das Bewusstsein aus dem Bereich der Naturwissenschaften, vor allem der Physik. Vieles weist darauf hin, dass hinter der verdichteten Materie in kleinste Elementarteilchen reine Energie oder sogar der bloße Gedanke steht, sodass die Formbarkeit des Universums von der Art und Weise unseres Bewusstseins nahe liegt.

Alles, was ist, ist nur,
weil es mit allem kommuniziert.
Nichts ist für sich selbst,
ein jedes hat seine Existenz
im anderen.

Dalai Lama

Bezüglich des Themas Stress-Bewältigung würde dies bedeuten, dass der Mensch den Quantensprung in die Bewusstheit des Seins zu bewältigen hat. Das hieße, wir müssen lernen, uns vom Supermarkt der Möglichkeiten die Bedingungen auszusuchen, die für uns selbst und auch für die Gesamtgemeinschaft gut sind.

Auf breiter Ebene müsste eine Bewusstheit dafür einsetzen, dass wir alle voneinander abhängig sind und uns gegenseitig beeinflussen. Das könnte heißen, dass sich zum Beispiel Motivation und Kreativität in Betrieben langfristig erheblich steigern würden, je besser mit den Mitarbeitern umgegangen wird und je besser die Mitarbeiter mit sich selbst umgehen. Kooperation als Form gewaltfreier, sich gegenseitig unterstützender Kommunikation könnte auf breiter Basis möglich werden.

Dies hätte große Auswirkungen auf Suchtprävention und so genannte Krankheitsvorsorge. Sucht als Ausdruck von verzweifelter Suche nach sich selbst und Suche nach Sinn und Spiritualität würde dann weniger Bedeutung haben. Kinder hätten dann wieder mehr Vorbilder.

Oder, wie Spencer Johnson es in seinem liebevollen Buch »Eine Minute für mich« beschreibt: »Wenn jeder Mensch auf Erden erst besser für sich sorgt, fühlt jeder Mensch auf Erden viel besser sich versorgt. Und dann sind wir schließlich so weit, dass wir uns umeinander sorgen.«

Unsere Gesellschaft befindet sich heute auf allen Ebenen in einer Phase der Depression, auch wenn die strahlenden Menschen aus der Werbung uns etwas anderes weismachen wollen. Aktionismus und Betonung des Äußerlichen wirken aufgesetzt. Vieles muss übertüncht werden, um Echtheit zu verbergen. Das vergeudet schon bei Jugendlichen sehr viel Kraft, Lebenskraft.

Doch die Natur entwickelt immer Gegenkräfte. Wenn im Wald eine Lichtung kahl geschlagen wird, bekommen andere Arten, wie die Farne, mehr Licht, die wiederum Feuchtigkeit und Humus für empfindlichere Gewächse schaffen. Genauso tut sich etwas, wenn sich das Bewusstsein

vieler Menschen ändert. Erst in diesem Jahrhundert ist die Prügelstrafe abgeschafft worden. Ich bin zuversichtlich, dass auch noch das dahinter liegende Bewusstsein der Härte schmelzen wird und einer Fähigkeit zur Selbstverantwortung weicht, im Sinne Johnsons als Fähigkeit, auf das Gute in uns und auf die Welt zu antworten.

Ein entscheidendes Werkzeug dafür ist die Intuition. Bezeichnenderweise funktioniert sie schlecht, wenn das Gehirn nicht ganzheitlich genutzt wird. Und das setzt voraus, dass das rationale Denken der linken Hemisphäre etwas zurücktritt.

Es ist von der Natur genial gemacht, dass wir ohne etwas von unserem Eigenwillen und unserem Stress-Bewusstsein aufzugeben, nicht an die Quelle unserer inneren Weisheit kommen, also auch nicht aus dem Stress. Sollten Stress und Not jedes Einzelnen also doch einen Sinn haben?

Bei Kurt Allgeier heißt es: »Wie schon Paracelsus überzeugt war, reicht oft ein erster Anstoß, ein zündender Funke, um das dynamische Lebensprinzip zu entflammen, wenn dieses normalerweise starke Feuer zum kläglichen Flämmchen geworden ist«. Der »winzige Funke, der die Heilkraft wieder entfachen kann«, ist überall dort zu finden, wo etwas stimmig ist, wo etwas zusammenstimmt. Körper, Geist und Seele stimmen dann auch zusammen. Die Menschen haben ein sicheres Gefühl dafür. Sie sind dann (von sich) berührt. Auf lange Sicht könnten sich entwickeln:

- ❖ bester Einsatz eigener Fähigkeiten
- ❖ bestmögliche Nutzung aller Ressourcen
- ❖ Beziehungsfähigkeit
- ❖ Mitverantwortung für andere
- ❖ mehr Freude, Glücksfähigkeit, Friedensfähigkeit
- ❖ höhere Kreativität und Produktivität zum Nutzen der Gemeinschaft

Dann nämlich ist es möglich, die Widersprüchlichkeiten und Spannungen dieser Welt besser auszuhalten und mit sich in Frieden zu kommen.

Ich freue mich, wenn es mir gelungen ist, ein wenig dazu beizutragen. Ihnen wünsche ich viel Kraft und liebevollen Humor auf Ihrem Weg

zu sich selbst.

Glaube nicht,
weil ich es sage
oder weil es von einer Autorität kommt
oder aus einem Buch stammt,
prüfe es!
Wenn es bedeutungsvoll für dein Leben ist
und deinem Leben einen Sinn gibt,
dann wende es an,
so gut du kannst.

Buddha

Anhang

Übersichten zur Schnellorientierung

Grundsätzliche Herangehensweise

Handlungsstrategien

Das Höchste-Not-Programm

Innerer oder äußerer Stress?

Was ist in mir los?

Lösungsstrategie

Einige praktische Tipps

Wenn die Nerven blank liegen

Verwendete und weiterführende Literatur

Grundsätzliche Herangehensweise

Handlungsstrategien

- ❖ Bedürfnisse befriedigen

- ❖ wegwerfen

- ❖ beenden

- ❖ ordnen

- ❖ vereinfachen

- ❖ delegieren

- ❖ Schritt für Schritt

Das Höchste-Not-Programm auf einen Blick

1. Schritt: Innehalten, wahrnehmen, akzeptieren

Im ersten Schritt halten Sie mitten im Stress inne. Sie sagen: »stopp«, nehmen wahr, was gerade ist, im Körper, im Gefühl und im Denken, und akzeptieren es:

Okay, es ist so, wie es ist.

2. Schritt: Diagnose stellen, Bedürfnisse definieren

Im zweiten Schritt versuchen Sie, das Problem genau einzukreisen, das heißt, Sie fragen sich, ob der Stress in Ihnen selbst liegt oder durch äußere Umstände bedingt ist oder beides. Sie definieren genau Ihre Bedürfnisse:

Was genau ist los, und was brauche ich?

3. Schritt: Lösungsorientiert handeln

Im dritten Schritt finden Sie eine einfache und realitätstaugliche Handhabung für den Ist-Zustand. Sie schauen nicht nach Ursachen, sondern nur nach Lösungen:

Ich mache das Beste draus!

Bedürfnisse befriedigen
Energie tanken
Das Wichtigste zuerst
Schritt für Schritt

Unterscheiden:

Innerer oder äußerer Stress?

Stress in mir selbst	Stress in meiner äußeren Struktur
Wo?	Wo?
im Körper	Tagesstruktur
im Gefühl	Zeitplanung
im Kopf (Einstellung)	Handlungsstruktur
weiß nicht genau	mit Menschen
Wie kann ich jetzt meinen Zustand verbessern?	Was kann ich jetzt daran ändern?
für mich sorgen	Rhythmus ändern
›Seelennahrung‹	Tätigkeitswechsel
Haltungsänderung	Klarheit schaffen
Hilfe holen	Hilfe holen
Etwas tun oder es aushalten?	Flüchten oder standhalten?

Klären:

Was ist in mir los?

Körper	Seele	Geist
Körperhaltung?	Ärgerlich?	Verwirrt?
Atmung?	Traurig?	Überanstrengt?
Spannungen?	Unsicher?	Blockiert?
Schmerzen?	Ängstlich?	Unter Druck?
Unruhig?	Empfindlich?	Fremdgesteuert?
Müde?	Erschöpft?	Negativ?
Hunger, Durst?	Leer?	Im Nebel?

Kann ich den Grund herausfinden?

Lösungsstrategie

① Annehmen
Es ist jetzt so.

② Magischer-Helfer-Taktik
Was würde dieser Helfer jetzt mit mir tun, mir raten?

③ In Aktion treten
Im Hier und Jetzt eine einfache Lösung finden.

Einige praktische Tipps

❖ Statt von sich wegzugehen (Ablenkungsmanöver), werden Sie zu Ihrem inneren Beobachter.

❖ Spüren Sie, wie sich Ihr Körper anfühlt.

❖ Seien Sie aufmerksam bei dem, was Sie gerade tun, egal, was es ist. (Achtsamkeit)

❖ Achten Sie auf Ihren Atem, zum Beispiel nur auf das Ausatmen. Atmen Sie ab und zu bewusst tief durch, zum Beispiel am Fenster.

❖ Wenden Sie bezüglich Ihres Denkens die Stopp-Technik an, das heißt, Sie stoppen kurz Ihren Gedankenstrom und richten ihn auf etwas anderes, zum Beispiel Atem, Körper, Bewegung.

❖ Essen Sie nur in Ruhe, kauen Sie jeden Bissen mindestens dreißig Mal.

❖ Achten Sie auf einen gelösten Gesichtsausdruck und eine geerdete Haltung. Gesicht und Kiefer locker.

❖ Stellen Sie sich öfter die Frage: »Wie geht es mir gerade, und wie kann ich meine Situation verbessern?«

❖ Erledigen Sie alles, was in einer Minute erledigt werden kann, sofort, oder entlasten Sie Ihr Gehirn durch eine Notiz. Erledigen Sie jeden Tag eine Kleinigkeit, die liegen geblieben ist.

❖ Machen Sie vor dem Einschlafen eine kurze Inventur der Tagesereignisse und wünschen Sie sich eine gute Nachtruhe.

❖ Empfinden Sie öfter Dankbarkeit für etwas, das Sie haben, und sei es noch so gering.

❖ Seien Sie sich selbst gegenüber ehrlich. Nehmen Sie das, was ist, völlig an, und dann machen Sie aus dem Problem eine Herausforderung.

Wenn die Nerven blank liegen

❖ Mach mal Pause (Tür zu, Telefon abstellen, Schild an die Tür: »Bitte fünf Minuten nicht stören!«)

❖ Eine Tasse Tee, ein Glas Wasser

❖ Beim Gehen und Tun darauf konzentrieren, wie Sie es tun

❖ Kurze Bestandsaufnahme und Katastrophenplan

❖ Augen zu, im Sitzen Kontaktübung, Autogenes Training oder einfach Atmung beobachten (die Sache durchatmen)

❖ Auf die Uhr schauen und Zeitgrenze setzen (beschließen, wie lange Sie damit zubringen wollen)

❖ Sich selbst total unterstützen und sehr viel Mitgefühl mit sich und der momentanen Situation haben (»Wir beide schaffen das schon«, und: »Wir haben schon Schlimmeres geschafft.«)

Verwendete und weiterführende Literatur

A Adams, Patch: Gesundheit! Oberursel (Zwölf & zwölf) 1997

Alexander, Gerda: Eutonie. München (Kösel) 1978

Allgeier, Kurt: Die ältesten Heilrezepte der Menschheit. Gesundheits-lehren der Bibel. Korneuburg Wien (Ariston) 1996

B Bauß, Reinhard: Salutogenese – ganzheitliche Wege zur Gesundheit. Vortragsmanuskript, Lilienthal 1999

Beattie, Melody: Kraft zum Loslassen. München (Heyne) 1991

Beattie, Melody: Mut zur Unabhängigkeit. Wege zur Selbstfindung und inneren Heilung. München (Heyne) 1992

Benz, Dyrian: Alles zur rechten Zeit. München (Kösel) 1995

Berendt, Joachim Ernst: Es gibt keinen Weg, nur Gehen. Frankfurt (Verlag 2001) 1999

Berendt, Joachim- Ernst: Das Leben – ein Klang. München (Droemer-sche Verlagsanstalt) 1996

Bickel, M.; Steigert, H: Wage zu träumen. Freiburg (Herder) o. J.

Birkenbihl, Vera F.: Erfolgstraining. Landsberg/Lech (mvg) 1997

Boyesen, Gerda: Über den Körper die Seele heilen. München (Kösel) 1997

Bradshaw, John: Wenn Scham krank macht. München (Droemersche Verlagsanstalt) 1993

Brandt, Beate: Der Weg wächst unter deinen Füßen. Mainz (Matthias-Grünewald-Verlag) 1992

Büntig, Wolf: Heilsame Visionen, in: Siepmann, Frank: Visionen menschlicher Zukunft. Bremen (Forum-Verlag) 1995

Büssing, Arndt; Wenger, Michael: Der Tau ist weiser als wir. Alte und neue Zen-Geschichten. Berlin (Theseus) 2003

C Carnegie, Dale: Freu dich des Lebens. Berlin (Ullstein) 1999

Chopich, E.; Paul, M.: Aussöhnung mit dem inneren Kind. München (Ullstein) 2001

D Dean, Amy E.: Ruhe finden. Tägliche Meditationen für Frauen, die sich vom Druck des Alltags befreien wollen. München (Scherz) o. J.

Dürckheim, Karlfried Graf: Hara. Die Erdmitte des Menschen. München (Scherz) 1981

E Echter, Dorothee: Karrierestrategien für Frauen. Lust auf Erfolg. Düsseldorf (Econ) 1994

Ehrmann, Max: Desiderata. Die Lebensregel von Baltimore. Augsburg (Pattloch) 1998

Ende, Michael: Momo. Stuttgart (Thienemann) 1972

F Francia, Luisa: Der weise Fischer und andere Glückssucher. Zeitschrift Connection spezial 66/2003

Fromm, Erich: Die Kunst zu lieben. Frankfurt (Ullstein) 1980

G Gapp-Bauß, Sabine: Stress-Management. Das Übungsbuch Woche für Woche. Oldenburg (Isensee) 2006

Gieseke, Mark Andreas: Clever üben, sinnvoll proben, erfolgreich vorspielen. Frankfurt/Main (Zimmermann) 1999

Grossarth-Maticek, Ronald: Autonomietraining. Gesundheit und Problemlösung durch Anregung der Selbstregulation. Berlin (Walter de Gruyter) 2000

Grün, Anselm: Der Anspruch des Schweigens. Münsterschwarzach (Vier Türme) 1984

Grün, Anselm; Dufner, Meinrad: Spiritualität von unten. Münsterschwarzach (Vier Türme) 1984

H Hellinger, Bert: Verdichtetes. Heidelberg (Carl Auer) 1995

Hoffman, Bob: Entfaltung der Liebe. Der Quadrinity-Prozess zur Aussöhnung mit dem inneren Kind. München (Heyne) 1994

J Jäger, Willigis: Aufbruch in ein neues Land. Freiburg (Herder) 2003

Jampolsky, Gerald G.: Lieben heißt die Angst verlieren. Waldeck/Dehringhausen (Felicitas Hübner) 1979

Johanson, Greg; Kurtz, Ron: Sanfte Stärke. München (Kösel) 1993

Johnson, Don: Rolfing und die menschliche Flexibilität. Essen

(Synthesis) 1977

Johnson, Spencer: Eine Minute für mich. Reinbek (Rowohlt) 1995

K Kabat-Zinn, Myla u. John: Im Alltag Ruhe finden. Freiburg (Herder) 1998

Kabat-Zinn, Myla u. John: Gesund durch Meditation. Bern (Scherz) 2003

Kopp, Reinhold: Das Geheimnis schöner Haare. München (Kösel) 2001

M De Mello, Anthony: Warum der Schäfer jedes Wetter liebt. München (Herder) 2002

Middendorf, Ilse: Der erfahrbare Atem. Paderborn (Junfermann) 1995

Moeller, Michael Lukas: Die Wahrheit beginnt zu zweit. Hamburg (Rowohlt) 1999

Morgan, Marlo: Traumfänger. München (Goldmann) 1998

Mullins, Daya: Terror und Krieg, die schlimmste Vernunfthandlung. Zeitschrift Yoga 12/2001

O Ortiz, John M: Das Tao der Musik. Bern (Scherz) 1999

P Pinkola Estes, Clarissa: Die Wolfsfrau. Die Kraft der weiblichen Urinstinkte. München (Heyne) 1997

Prochazka, Pavel: Sensibilität und Abgrenzung bei Neurodermitikern. Wiesen/Schweiz (Porch) 1994

R Rauch, Erich: Die F. X. Mayr-Kur. Heidelberg (Haug) 1992

Rohr, Wulfing von: Leben war doch nicht als Stress gedacht. München (Scherz) 1998

Rohr, Wulfing von: Alltagsprobleme kreativ lösen. Niedernhausen (Falken) 1999

Rosenberg, Marshall B.: Gewaltfreie Kommunikation. Paderborn (Junfermann) 2003

Rossi, Ernest L.: Die Psychobiologie der Seele-Körperheilung. Essen (Synthesis) 1991

Rossi, Ernest L.: 20 Minuten Pause. Paderborn (Junfermann) 1995

Rost, Jutta: Die Quintessenz der Naturheilverfahren. München (Quintessenzverlag) 1990

Ryan, Mary Jane: Gelebte Dankbarkeit. München (Integral) 2001

S Sanders, Eva-Maria: Freude! So schön ist das Leben. München (Nymphenburger) 1998

Schenkel, Susan: Mut zum Erfolg. Frankfurt/Main (Campus) 1992

Schindler, Gerhard T.: Klosterführer. 270 spirituelle Zentren von Christentum, Buddhismus, Hinduismus, Sufismus und Zen. München (Droemersche Verlagsanstalt) 1994

Schultz, Johannes Heinrich: Das Autogene Training. Konzentrative Selbstentspannung. Stuttgart (Thieme) 1991

Selye, Hans.: Stress. Bewältigung und Lebensgewinn. München (Piper) 1988

T Thich Nhat Hanh: Ärger. Befreiung aus dem Teufelskreis destruktiver Emotionen. München (Arkana) 2001

W Wagner, Thomas; Macho, Isolde: Compassion und Politik. Zeitschrift für Kontemplation und Mystik 2/2003, Petersberg

Y Yogananda, Paramahansa: Aus der Quelle der Seele. Wege zum erfolgreichen Beten. Kossuth, Ungarn 1998

Kontakt zur Autorin und Informationen über Vorträge, Intensivseminare und persönliche Beratung unter: www.gapp-bauss.de
Zu diesem Buch ist ein Übungsbuch im Buchhandel erhältlich:
Stressmanagement. Das Übungsbuch.

Marina Stachowiak
Psychobionik
Integrales Heilen
auf dem Weg in ein
neues Bewusstsein
256 Seiten
ISBN 978-3-88755-271-8

Steve Rother
befreit leben
Die zwölf primären
Lebenslektionen meistern
224 Seiten
ISBN 978-3-88755-269-5

Steve Wells; Dr. D. Lake
Pocket-Guide EFT
Emotionale Freiheit
Techniken
128 Seiten
ISBN 978-3-88755-265-7

Bernd Scharwies
Rebalancing
Die Kraft der tiefen
Berührung
240 Seiten viele Abb.,
vierfarbig, Festeinband
ISBN 978-3-88755-349-4

Dr. Wilfried Ehrmann
Handbuch der
Atem-Therapie
Standardwerk
400 Seiten, Festeinband
ISBN 978-3-88755-050-9

Dr. Thomas Heucke
Genogramm und
Familienstellen
Das innere Bild der Familie
als Quelle heilender Kraft
192 Seiten
ISBN 978-3-88755-272-5

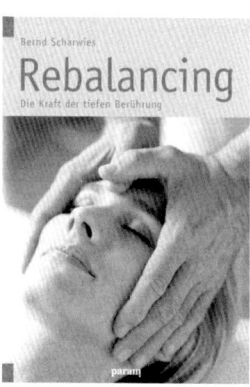